U0094245

宪法发布仪式图

帝国国会议事堂

岩波日本史

第七卷

明治维新

[日]田中彰 著

张晶 马小兵 译

新星出版社 NEW STAR PRESS

目
录

序　言

马比骑者脸更圆 　说到明治维新，或许人们首先想到的是坂本龙马、高杉晋作，抑或是有"维新三杰"之美称的木户孝允（桂小五郎）、西乡隆盛、大久保利通。

幕末时期，曾有无数年轻有为的仁人志士登上历史的舞台，投身变革，献祭理想。它见证了维新变革的激荡起伏，诉说着历史积淀的厚重甘醇。

有这样一首打油诗：

真奇怪呀真奇怪，这个世道要颠倒，马比骑者脸更圆。

据说，这首诗写的是高杉晋作。再瞧瞧主人公留下来的照片，我们不禁豁然开朗：怪不得，怪不得！他的脸的确是长！（也有一说，该诗唱的是幕府家臣成岛柳北。如是后者，其所含趣旨又有所

高杉晋作（东行纪念馆藏）

3

不同。)

比起骑马的晋作，被晋作骑着的马反而脸更圆，以此来暗示有扭转乾坤之势、革命般摧枯拉朽的明治维新之盛况。

从史学角度来看，明治维新是从幕藩时代到近代资本主义时代，社会结构和社会观念实现跨越式剧变的起点。

世界史中的明治维新 为了用维新变革的方式建立新型国家，实际感受欧美现代化国家的真实形态，明治初年，一个规模庞大的团体从横滨港口扬帆起航，这便是岩仓使节团（参考第四章）。

归国后，在名为《特命全权大使美欧回览实记》（以下简称《美欧回览实记》）的报告中，开头"例言"〔日期为一八七六年（明治九年）一月〕里有这样一段记载：

明治中兴之政，乃古今未曾有之变革。

"明治中兴之政"即明治维新。为何如此说呢？

变革其一是将将军的权力回收于天皇，变为由天皇执政的"亲裁"制度。变革其二是废除各藩"分治"，变为国家统治的"一统政治"。变革其三是撤销"锁国"之策，变为"开国"之策。紧接着该报告又如是说道：

这三个变革中，无论哪一个的实现都至艰至难，而三者的同时实现相当于撞上"当今豹变之运"，只能靠"天意"，不可"人为"。关于这点，以下文字做了更详细的解释：

熟察其由，不得不说是催生于世界气运之变。

即之所以发生如此大的变革，是因为受到了全世界范围内变革潮流的影响。

在这里，明治维新被放置在了十九世纪后半期，世界史变革浪潮的背景之下。"例言"之所以提到德国、意大利，不外乎是因为日本废藩置县与德意志帝国的成立都发生在一八七一年（明治四年），与意大利的统一也基本处于同一时期。

明治维新的领导者们所写的这份美欧巡回考察报告能提出如此见解，意味着他们将自己置身于风云变幻的世界潮流中，清楚地意识到了潮流的走向，并立志于走上大刀阔斧的维新之路。

本书接下来解析的重点便是明治维新，而从世界看明治维新，从亚洲看明治维新，理所当然是本书坚持的视角。或者毋宁说，如果要从历史学的角度客观看待明治维新，这一视角一定是不可或缺的。

明治维新从何时开始，到何时结束

翻开日本历史年表，我们看到在一八六八年（明治元年）的地方，标记着明治维新的字样。这一年，德川幕府倒台，明治政府成立。不过说到明治维新，如此开天辟地的一大变革又岂是在短短一年之内就能完成的呢？

那么，明治维新到底从何时开始，又到哪里结束？

对此大家众说纷纭。这个问题与明治维新观即如何理解明治维新，有紧密的联系。

本书将其范围划定为一八五三年（嘉永六年，黑船事件发生，日本开国）到一八八九年～一八九〇年（明治二十二年～二十三年，明治宪法体制形成）。具体理由如下：

这里所说的开国并非单指佩里的"黑船"来到日本。事实上从一八三〇年代天保年间（一八三〇年～一八四四年）开始，幕藩体制的矛盾开始逐渐明显，其蔓延至全国的广度和深度呈滚雪球式增长。而黑船事件带来的外部压力成为压垮体制的最后一根稻草。因此，在国内矛盾和国际条件的相互作用下，我们认为一八五三年是维新变革的起点。

那么，为何将终点定在一八八九年～一八九〇年呢?

维新之后日本暂时统一，而经历自由民权运动后，亚洲近代国家的标志——明治立宪体制应运而生。也就是说，一八八九年《大日本帝国宪法》的制定，次年教育敕语的发布，使日本作为近代国家的法制体系和意识形态得以成形，因此我们认为可以把此时看作明治维新的终点。

不过就私人观点而言，我认为同时把日清战争①（一八九四年～一八九五年）和战后经营时期包含在内也未尝不可。相反，如果进一步压缩范围，也可将终点定为一八七七年的西南战争或一八七九年的"琉球处分"，之前我也依此范围进行过论述。

不过在此要事先明确一点，本书将开国到明治宪法体制的诞生这段时期界定为明治维新，这也是当前史学界接受度很高的划分方法之一。

本书的写作目的　　本书的目的在于明确：十九世纪后半叶，在整个世界史潮流中日本的开国如何定位；支撑了两个半世纪的幕府在何种历史背景和政治制

---

①即中日甲午战争。

度下不得不垮台。在此基础上进一步考察，幕府被推翻后成立的明治政府与民众的关系，以及幕末维新中一般民众的生活百态。

此外，放眼世界发达国家并从中探索：日本近代国家模式的维新领导者们在归国后，如何应对日渐高涨的自由民权运动？这种民权运动的最终诉求是什么？这个被称为明治维新终结点的明治宪法体制到底有什么意义？这些都是本书试图探求的问题。

抱着以上疑问，本书在对具体历史事件进行描述的同时，试图绘制出整个明治维新的发展脉络。

第一章　何为"开国"？

近晴作《武州潮田远景》。描绘了安政元年（一八五四年）佩里舰队再次到来时的情景（黑船馆藏）

1. 佩里为何来日？

"黑船"来　　　　黑船来矣，黑船来矣，锈迹斑驳、药研
　　　　　　　　　般的四艘黑舰惊现相州城崎海上，彼时
嘉永六年六月三日未时上刻，正是夏日袅袅南风，吹入
午睡人酣梦之际。

　　这是一九一五年（大正四年）熊田苇城所著的《幕府瓦
解史》（上、下）开头的一句话。书中熊田一改往日立足西南
雄藩、对幕末维新史展开批判的立场，将视角转移到幕府和
会津，在时间上紧随幕府视角下的幕末史——福地源一郎（号
樱痴）的《幕末衰亡论》（一八九二年刊），描绘之后的幕末
维新史。

　　这么一写，嘉永六年六月三日（一八五三年七月八日）
一个令人昏昏欲睡的和平的午后，四艘军舰在江户湾入口浦

《美国海军将领佩里之肖像》，
幕末时期日本人作（神奈川县
立历史博物馆藏）

贺忽现巨影，瞬间惊动整个日本的情景便跃然纸上。

这是关于佩里来日的一般性描述。

而"黑船"则是指近世初期以来颜色漆黑的外国船只。面对着锈迹斑驳、药研般发黑的巨大轮船，人们心中升起了一种不祥的预感。

这种"黑船"之前不仅出现在日本的太平洋沿岸，也屡屡出没于日本海。然而，四艘海船组成的佩里舰队给人们带来的压迫感是无可比拟的。从此，"黑船"成为佩里舰队的代名词，外来压力的标志。

它给人们带来的影响从上图的佩里画像亦可略知一二。肖像虽然整体采用了诙谐的描绘手法，却隐约间透露着一种对未知事物的恐惧，一股对妖魔鬼怪的好奇感。而整体上的诙谐手法不正体现了一般民众的坚忍强大吗？

佩里是突然来的吗？

正如开头引用的那句话，明治之后，"黑船惊现"成为对佩里来日的普遍表述。

不过事实果真如此吗？诚然，对于远离信息源的一般民众来说，它确实是"惊现"，然而对于幕府当局者来说，它早已是了然于心之事，绝非"惊现"。

早在一八四四年（弘化元年），荷兰国王威廉姆二世便给将军递送了亲笔信，谈到了工业革命后欧洲形势的变化和欧洲势力进入亚洲，特别提到英国和清朝的关系，劝诫幕府放弃锁国政策，对外打开门户。对此幕府于次年回信予以拒绝。幕府的拒绝被荷兰理解为是对其一直以来垄断日本贸易所取得的既得权益的认可。但一八五二年（嘉永五年），美国的对日派遣计划一传到荷兰，荷兰马上向幕府递送了包含有同样内容的《荷兰风说书》，并提议日荷之间缔结条约。又一次遭到幕府的拒绝。

为了应对外部压力，幕府早在一八四五年（弘化二年）七月就设置了海防小组。

海防小组聚集了以老中① 为首，若年寄②、大小目付③、勘定奉行④、勘定吟味⑤ 等幕府内的能人贤士，在安政五年

---

①江户幕府时期级别最高的官员，直属将军，负责管理政务。
②仅次于老中的重要职位，负责管理将军的直属家臣等。
③负责监视家臣行动的官职。
④掌管幕府财政和直辖领地的官职。
⑤监督涉及财政等一般事务的官职。

（一八五八年）七月因设置外国奉行、海防小组被废除之前，对幕府的海防政策发挥了巨大的作用。

佩里舰队和亚洲战略 那么，佩里舰队从何而来？我们展开世界地图看一看（参照下页地图）。

美国的东海岸有个港叫诺福克。佩里乘的军舰"密西西比号"于一八五二年十一月二十四日（嘉永五年十月十三日）由此出发，往东横跨大西洋，从非洲西海岸马德拉群岛南下，途经圣赫勒拿岛、开普敦、毛里求斯岛、斯里兰卡岛、新加坡。一八五三年四月七日，"密西西比号"驶入香港港口。

在这里，它与先到的东印度舰队会合，之后到上海集结。

率领"萨斯喀那号""密西西比号"等四艘军舰的是美国东印度舰队司令官、海军准将马休·卡尔布莱斯·佩里（一七九四年~一八五八年）。这支从上海出航的舰队并非一路直指日本，而是先到琉球，后停靠到小笠原群岛，再返回琉球，随后北上抵达日本。

佩里舰队在抵达日本前，为何要先去琉球呢？因为如果日本拒绝开国，佩里打算将琉球作为自己的基地。在他看来，占领这些岛屿、确保那霸港的安全从道义上讲具有正当性，也是为了应对紧急局势的万不得已之策。同时他认为帮琉球

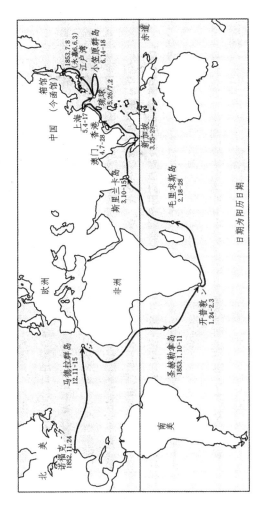

佩里舰队航线。舰队于嘉永六年（一八五三年）七月十七日（阴历六月十二日）离开江户湾，经过琉球返回香港，但次年二月十三日（阴历一月十六日），以"波瓦坦号"为旗舰的舰队再次现身江户湾

日期为阳历日期

摆脱萨摩藩的压迫、促使日本开国是自己的使命。

佩里的这一意图在他签订《日美亲善条约》〔《神奈川条约》，安政元年三月三日（一八五四年三月三十一日）〕两年后写的意见书中有更明确的体现。这封意见书的主基调是对美国政权轮替（从辉格党第十三届总统菲尔莫尔变为民主党第十四届总统皮尔斯）后政府对外扩张呈消极态度的批判，不过从这里，我们亦可以清楚地看到他胸中所绘的亚洲战略。

佩里对在亚洲正一步步巩固地盘的英国保持着强烈的警惕，主张尽快将英国还未来得及染指的日本以及中国近海太平洋小岛纳入美国势力范围，并把台湾作为美国的贸易据点。除日本、琉球外，佩里还把从中国沿海到越南、柬埔寨、泰国、菲律宾等国都纳入未来的规划中。

而日本是这一亚洲战略中北太平洋上横卧的一条重要列岛。因此佩里对箱馆的重视不亚于对琉球（包括小笠原群岛）的重视。翌年（一八五四年）他再次来日时，一签署《日美亲善条约》，便到访了箱馆。因为该地不仅在军事上很重要，在贸易、经济上也属要塞之地。琉球—下田（相模湾）—箱馆（虾夷地）两两之间距离相等，对此佩里了然于心。一旦下田、箱馆二港与琉球（一八五四年七月十一日，《琉球美国修好条约》缔结）一道开港，对佩里舰队来说，"我们将同时

16

拥有三处非常便于疗养和恢复体力的场所"，在《佩里日本远征记》中，他本人如是写道。

佩里的对日要求 佩里对日本的要求有三点：

第一，日方应保护在日本沿岸避难的美国船员的生命、财产。第二，向上述船舶供给饮用水、燃料和食物。第三，促进日美两国贸易。

第一条和第二条的规定与美国的捕鲸业有千丝万缕的联系。十九世纪三十年代以后美国捕鲸业急速发展，到四十年代后半期迎来黄金时期。因此巡游于北太平洋、日本近海的捕鲸船数量也急剧增加。而当时补给港和避难港对船舶来说是不可或缺的。

第三条的背后则是美国工业革命的发展。随着纺织行业迅速腾飞，美国开始将目光投向位于西部开发延长线上的太平洋远端，试图挤入中国这个散发着无限魅力的亚洲市场。于是，跨太平洋航线的开发被提上日程。在此之前，通往中国的大西洋航线需要花费一百三十天左右，而太平洋航线能将这一时间一下缩短到原来的六分之一甚至七分之一。为了开辟这条跨太平洋北方航线，中途必须设置停泊港。而箱馆南边的日本各港便是绝佳的候选地。另一方面人们相信日本有丰富的煤炭资源。

因此，佩里在接手前任提督奥利克的任务的同时，根据自身设计的亚洲战略，试图靠军舰大炮威慑下的海军主导型"外交法权"实现日本开国。就这样，处于锁国体制下的日本，在"武力"外交的胁迫下，被迫打开了国门。

亚洲形势

这里，让我们首先回顾一下佩里来航前的亚洲形势。

在一窝蜂涌向亚洲的资本主义国家里，打头阵的是英国。十八世纪后半期，工业革命在英国首先拉开大幕，这波浪潮到十九世纪席卷欧洲各国，并延伸向美国。此时，不断积聚的工业资本开始寻求用于机器量产的原料和更为广阔的销售市场。而它实现的形式首先就是将印度变为殖民地。在与东印度公司股东、官僚、军人等土地贵族利益一致的前提下，英国工业资本悍然对印度及周边地区发动侵略战争，将印度变为工业产品的销售市场和原料、粮食的供给地。然而，随着殖民统治对以农民为首的各阶层压迫的加剧，反英情绪日渐高涨。英国征服印度不久后的一八五七年（安政四年），印度民族大起义（土兵兵变）爆发。土兵指隶属于东印度公司的印度佣兵。当他们听说新发的手枪弹药包上涂了牛油和猪油时，认为自己受到了宗教侮辱，便在德里近郊起义。起义军迅速占领德里，战火燃烧到了北印度一带。靠着农民、手工业者以及被英国夺去领地的土著王侯、地主等的支持，他们一度将英军逼入绝境，虽然两年后遭镇压，但印度民众朝着推翻英国统治、走向民族统一这一共同的目标，切实迈出了第一步。

与鸦片战争相关的信息

中国的屈辱史以鸦片战争拉开序幕。一八四〇年（天保十一年），面对清朝在鸦片进口方面表现出的强硬态度，英军用先进的武器大破清军，并于一八四二年（天保十三年）签订《南京条约》，继拿到香港后又强迫中国开放了广州、上海等口岸。

一八五六年（安政三年），"亚罗号事件"发生。该年十月，持有英国香港执照的食盐走私船在广州海域接受中国水师临检，船上十二名中国船员被拘。以此为借口，英国联合法国再次对清朝发动战争（亚罗战争、第二次鸦片战争），一八六〇年（万延元年），占领北京并签订《北京条约》。至此，香港对岸的九龙半岛也被英国蚕食，清政府被迫承认贸易自由、设立租界，列强对中国的半殖民统治进一步加深。

鸦片战争让中国社会更加动荡，地方治安一片混乱，催生了以洪秀全为核心的反清武装起义。一八五一年（嘉永四年），太平天国政权建立。在均分土地、减轻租税、男女平等政策的感召下，以贫农为首的普通民众亦纷纷加入。

佩里来日的一八五三年（嘉永六年），正值太平天国占领并定都南京之时。清军结盟英法与太平天国军对抗，战争超出了清朝与太平天国的角逐，更将外国势力拉入其中，呈现出一种民族战争的特点。然而由于太平天国高层内部分裂，一八六四年（元治元年），南京陷落，太平天国灭亡。

有关鸦片战争的信息以多种形式传到了日本。斋藤竹堂（出身于仙台藩的儒者）的《鸦片始末》（一八四四年），岭田枫江（丹后田边藩士）的《海外新话》（一八四九年）、《海外新话拾遗》（一八五〇年）等各种出版物层出不穷，向民众广泛宣传了鸦片战争中清军的惨败和英国的威胁。与此同时，由于对幕府海防的批判，岭田遭到关押和流放。

俄罗斯也从中国北方压境而来。一八五八年（安政五年），清朝与俄罗斯签订《瑷珲条约》，规定将黑龙江以北的领土割让予俄，由此俄罗斯获得了入海口，将其作为进入太平洋的据点。

在这样的背景下，日本走上了开国之路。

2. 开国的意义

**东西方秩序观的冲突
与《万国公法》**

佩里的到来充当了工业革命后欧美资本主义武力进入（侵略）亚洲的重要一翼，进一步讲，是将以西欧为中心的世界秩序强加于亚洲的其中一环。正如前面所述，随着美国资本主义的发展，佩里绘制了亚洲战略，并在这一战略的指导下试图打开日本国门。而从更宏观的角度来看，它是十九世纪中期以后，以西欧为中心的世界秩序一步步摧毁以中国为中心的亚洲中华帝国秩序的过程。在此之前，位于亚洲中华秩序周边的日本也曾坚持华夷思想（认为本国是"中华"，周边国家是"夷狄"），在本国周边构建了日式的中华秩序，然而佩里对之施以沉重的一击。

换个角度来说，也可以理解为日本被纳入到了《万国公法》的世界中。

《万国公法》相当于现在的《国际法》或《国际公法》，是基于协商，规定国与国之间关系的法律。

佩里到来时，参与条约协商的幕府家臣里，没有一人具备《万国公法》的相关知识，以至于在交涉过程中，需要向谈判对手汤森·哈里斯总领事学习。

该国际法作为文明的产物，是由十九世纪欧洲的基督教世界制定产生的，它规定整个世界分为三大块：欧美基督教国家是文明国家，其他为半开化国家（半开化指处于文明与野蛮的中间地带）、未开化国家（野蛮）。半开化国家和未开化国家有可能进化为文明国家，而文明国家也有正当理由介入未开化国家。

日本登上国际社会舞台的标志即加入《万国公法》的世界，因此处理国际事务被认为必须依照《万国公法》。而日本外交人员和维新政治家们在还未积累足够的外交经验前，并没有意识到该国际法和现实之间存在的鸿沟。

《日美修好通商条约》 一八五八年（安政五年），《日美修好通商条约》由日方的井上清直（下田奉行）、岩濑忠震（目付）和美方的哈里斯正式签订。该条约的十四项条款、七则贸易章程成为此后日本与荷兰、俄罗斯、英国、法国之间相继签订的条约的基准（所谓《安政五国条约》）。

哈里斯以第二次鸦片战争为威胁，巧妙地促成了条约的缔结。条约写入了多项不平等条款，如领事裁判权（治外法权）、剥夺关税自主权、片面最惠国待遇（将来日本赋予其他条约缔结国美国未享受到的权益时，美国也立刻变为该权益的享有国，系沿袭亲善条约的条款）、开港地居留制度、只规定了条约修订协议期限的开始时间〔一八七二年（明治五年）〕而未规定有效期限等。

可以说，这样的不平等是发达的资本主义强迫封建落后国家进行自由贸易时产生的必然结果。然而比起清朝，日本与列强之间缔结的条约在若干方面相对有利，如禁止鸦片进口、对进口棉制品征收相当于原价百分二十的关税、禁止在居留地之外的通商贸易等。这是因为日本与列强之间的条约并非像清朝一样属战败国条约〔不过一八六六年（庆应二年）的改税约书（《江户协约》）中，关税税率变为与清朝持平〕。日本虽然与中国有些许差异，但最终还是无可避免地同中国一道被世界资本主义的自由贸易体制所吞噬。

世界资本主义的融入方式　　在融入世界资本主义的过程中，为何印度沦为殖民地，中国沦为半殖民地，而只有日本保持了国家的独立呢？怀着这样的疑问，日本国内展开了一场资本主义论战（即"封建争论"，昭和初年，马克思主义阵营内出现的围绕日本资本主义、明治维新的性质等展开的争论）。论战中人们将原因归结于印度、中国、日本之间资本主义发展程度的不同。具体来说，是因为幕末时期支撑日本与外部压力相抗衡的资本主义萌芽（工场手工业）在国内已经处于统治地位。然而将原因单纯归结于资本主义发达程度这一经济因素，虽然观点新锐，却不一定和事实相符。

世界资本主义要求亚洲开放门户进行自由贸易，在这一点上他们对中国和日本并无二致。但同时我们必须看到，二者在亚洲市场价值的大小、列强进入的先后顺序、由此爆发的印度民族大起义（土兵兵变）和太平天国军的民族抵抗、日本受到的影响〔例如，幕末时期和日本打交道的英国外交官阿礼国、帕克斯曾在中国尝过民族抵抗的"苦头"（阿礼国著《大君之都》，一八六三年刊，山口光朔译，岩波文库），这次教训反映到了之后的对日外交政策中〕以及中日对外态度的不同、从中体现出的主体性条件差异，甚至地理、经济、社会等因素，这些条件互相关联、相互作用、纷繁复杂，使二者表现出了巨大的差异性。

通商贸易的变化　　一八五九年（安政六年），根据《日美修好通商条约》，横滨、长崎、箱馆开港，此后以英国为主要交易国，贸易额急遽增长。昨日还是弹丸之地的渔村横滨，转身变为新兴国际都市，进出口额一路飙升。庆应年间（一八六五年～一八六八年），三港交易总里横滨的出口额占百分之八十到百分之九十，进口额占百分之七十到百分之八十。可以说开港后，横滨处于中心地位，长崎、箱馆二港则发挥了补充辅助的功能。

其中，主要出口产品有生丝、蚕种、茶、海产，进口产品有棉毛织物、金属武器、船舰等加工工业产品，可以清楚地看到国内外经济差距之大。

当时的贸易属居留地贸易。日本的贸易商人只能在居留地内和外国商人交易，充其量不过是个货郎担。而后者凭借丰富的资本，以及领事裁判权、较低的协商税率等特权，牢牢占据贸易的制高点。

即便如此，居留地贸易仍然使以江户特权商人为中心的商品流通转移到横滨，出现了一批专门从事横滨贸易的农村商人和规模较大的新兴经销商。幕府为了继续保护江户的特权商人，一八六〇年（万延元年）起规定五品（生丝、灯油、蜡、服装、杂谷）要回送江户，同时对铜也采取了相同的措施，到一八六三年（文久三年）进一步推出了限制生丝出口的政策。然而，以生丝贸易为主的巨型新兴经销商还是不可遏制地壮大了起来。他们和几个试图出口藩内商品的推行专卖集货体制[①]的藩联合起来，获得新的特权，并与开国后幕府内能干、开明的官僚建立了千丝万缕的联系。

这打破了一直以来江户特权商人主导的、以幕府为中心的贸易体制，甚至从根本上摧毁了传统经济结构。自此，以横滨为轴心，贸易在与四处兜揽生意的商贩巨头和农村商人的新型关系中不断发展，包括地方在内，整个日本的经济结构开始产生新的蜕变。

贸易开展下的经济、社会条件的变化   在以横滨为中心的进出口贸易状况和政治状况发生变化的前提下，物价开始爬升。由于这波物价上涨并未和工资产生联动效应，收入增长滞后的城市居民和下级士族的生活进一步陷入困境。

随着出口规模扩大，出口商品的产地——如关东及其周边养蚕、制茶地区——和农民的经营范围进一步扩大，从而

---

①指藩政垄断某些特定商品的购买和销售。

促进了该地小资产阶级的壮大。相反，主要出口商品生丝则因为库存告急，价格飙升，致使以生丝为原料的绢织物产地，如京都西阵、桐生的织物业备受打击，整个行业暗云笼罩。另一方面，棉织物的进口，也进一步挤压了产棉地区的生存空间。

因此，开港为各个地区带来的经济影响并不一致。具体来说，大致可以分为促进了资产阶级发展的受益地区和遭到反噬的受害地区。这两个地区的经济落差逐渐改变了历来固有的国内生产状况和商品流通，同时，进一步拉大了农民和商人间的阶层差距，社会各个阶层被卷入到了矛盾的漩涡中。而随着港口的开放，商品生产和流通的激进式发展为幕末时期逐渐萌发的资本主义经济注入活力，其影响的扩大又进一步拉大了地区间、阶层之间的差距。这种正面和负面效应瓦解了幕藩体制的各个领域，撕破了藩与藩之间的隔离网，为日本在外部压迫下走向民族统一快速准备了经济条件和社会基础。

第二章　幕府为何垮台

幕府末期拍摄的江户城正门（费利斯·比特摄，横滨开港资料馆藏）

1. 涌向变革的暗流

竹越三叉的维新观　明治、大正、昭和时期的历史学家、政治家竹越与三郎（三叉）深受欧洲文明史观，尤其是英国自由主义的影响，曾在《新日本史》中就幕末政治运动做出如下评述：

> 尊王也，攘夷也，佐幕也，讨幕也，公武合体也，不过乃浮于大变革波涛之杂木浮草。此等政治战争尚未开战，于社会根底，不知觉察之际，巨大潮流已轰隆涌去。

在这里，他所关注的是尊攘运动、公武合体运动、倒幕运动或者幕府主导的政治运动等背后，人们未注意的社会底层所涌动的"巨大潮流"。竹越将之称为"民权势力"，并从"町村都邑的庄屋名主中"去进一步找寻。在着眼于底层力量的前提下，他把明治维新称为"乱世之革命"，并将其定义为"社会革命"。

而这恰恰关系着我们要将明治维新的变革主体和基础定标于何处的问题。

幕末时期的农民起义　接下来，让我们从幕末农民起义（包括都市骚乱、农村骚动）中一窥这股"巨大潮流"的能量源——民众力量的崛起。

一八三七年（天保八年），幕府元大阪町奉行所的与力（江户时代的捕吏、警长）大盐平八郎（阳明学者）呼吁弟子、畿内周边农民，特别是贫农、遭欺凌的部落民起义，这一事件想必大家都有所耳闻。虽然起义一天便被镇压下去，但星火燎原，随即发生了越后柏崎的生田万起义、备后的尾道起义、三原起义、摄津能势起义，甚至遥远的长州藩也爆发了起义。这是为何呢？不仅如此，大盐在民间被视作救世英雄，深得人心。这又是什么原因呢？

此时畿内周边的农村，商品经济正在急速扩张。棉作农民、农村商人为了反对大阪三所棉问屋①对实棉、皮棉的垄断，

---

① 指批发商。

抗议他们用高利贷将自己捆绑在债务上的做法，数百乃至上千个村庄相继发生起义。这个被称作"国诉"的诉求斗争不断上演的背后，隐藏着的是大众对废除生产、加工、流通限制，实现"商品自由流通"的共同愿望。

不只畿内，正如前文所述，开港以后，随着商品生产和流通的飞速发展，固有体制的桎梏被以超越国家或单个藩国的规模打破，走向统一的社会条件与经济条件一步步成熟。

将幕末农民起义的次数按年号统计，可以得出下页图表。幕末农民起义的基本矛盾虽然集中在领主和农民之间，但农村商品经济的进一步发展也促进了农民内部阶层的分化，加深了村落管理者及上层农民与贫农及被迫脱离土地的贫民之间的矛盾，而以贫农、贫民为主的起义则被称作"纠正世道"起义、"世均"起义。这其中包含着平均土地所有权、社会平等化等一些一般性诉求。而大盐平八郎之所以被视作救世英雄，广得人心，就在于他体察了民众的这一诉求，并能够站出来为之代言。

"纠正世道"起义的特征及陷入矛盾的民众行为

"纠正世道"起义的特征亦是幕末到明治初期所有起义的共同特征。一八六六年（庆应二年），起义达到高潮，仅这

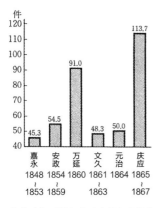

件

120
110
100   113.7
90   91.0
80
70
60
54.5
50   48.3 50.0
45.3
40

嘉永	安政	万延	文久	元治	庆应
1848	1854	1860	1861	1864	1865
1853	1859		1863		1867

幕末时期不同年号下农民起义的年平均次数（青木虹二《百姓起义综合年表》三一书房，1971 年）

一年就多达一百八十五次。

让我们看看一八六六年六月中旬，发生在奥州信夫、伊达两郡（总收入十九万八千八百五十石，村庄一百九十四个，夹杂有幕领、私领、分领，现福岛县福岛市一带），持续了七天八夜的信达起义有何特征。

这一起义的总人数多达数十万，超过四十九个村子的村落管理者、富农、富商受到攻击。

以下为《民众运动的思想》中有关该起义的一节：

> 啊，吾众，小心火烛为第一，勿把谷米打翻地。不去触碰典当物，此乃田中收获物。勿将财物装兜里，此举绝不为私欲，是为万人之所成。此家工具皆打碎，哪怕猫碗亦不留。

从中我们可以清楚地得知，该起义并非为个人私欲。"小心火烛为第一"，这一指示的背后是对起义过程中个人禁欲行为的严格要求。不准动典当物，不抢夺钱财，这样的伦理道德也被要求严格遵守。而"勿把谷米打翻地"这句话，正体现了农民对米、麦无比珍惜的心理。然而在这里，家具成为农民攻击的对象，以至于用一个不留、摧毁殆尽、"猫碗"不剩这样的行为来发泄满腔的愤怒。而且，既然有下达指令的指挥者，我们就不难猜测该行动具有一定组织性。从严格的纪律性、"为万人"的目的性以及禁欲型伦理之中，我们亦可窥见起义背后所蕴含的类似于思想性的规则。

然而，该起义也呈现出完全不同的另一面。据记载，人们涌入当铺拼命抢夺典当物，将典当的衣服一件不留地裹在身上，典当东西的人还向当铺索取超出典当物所值数倍的金钱。无可否认，这种暴徒般的行为的确存在。起义是复杂多面而充满矛盾的。

这是扎根于人，或是说身在一个集团中的人的内心矛盾。禁欲与不可遏制的欲望、革新性和保守性，二者终是不可分割，纠结撕扯。而这或许正是人、人类团体最自然的形态。

生于伊达郡的中富农菅野八郎被视作此次起义的领头人（他本人对此予以否认），他在佩里第二次来日时，曾亲自到神奈川目睹了"黑船"，因对幕府的海防政策抱有疑问，向权力阶层发起激烈批判而在安政大狱中连坐，被判流放到八丈岛。然而，就连八郎在某些固有道德和秩序面前，亦表现出了低俯顺从的姿态。虽然带着这样的两面性，他还是以民生为重，从民众的立场出发，采取了必要的行动。

问题是，带着这种矛盾的个人，以及由个人聚集起来的集团在不同的历史时期，如何在克服这一矛盾的同时，还能成为担当者，推动历史向前发展？因为从整个历史的大潮流来看，唯有其中痛苦挣扎的民众，才能推动历史车轮滚滚向前。

"纠正世道"的终极理想和"这不挺好嘛" 仿佛在为民众的诉求代言般，一八六六年（庆应二年）八月，在江户小石川发生了一起"扔诉"——扔诉也称作"扔文"，是将诉状悄悄放在幕府的政府机关或官员门前，用以表达自身主张的形式。扔诉原本被严令禁止，但到幕府末期扔诉和贴诉（往门上张贴诉状）一起被民众广为使用。该扔诉署名为"六十六州安民大都督大河边主税、同副翼竹田秋云斋"。从内容推测，当是偏向幕府的儒者或浪人；从职务名推测，当是以民众的安乐为己任的人。所谓"万民享和平，夜不闭门户，失物都找回，彼此让行道"，建立这样一个"世界第一善国"，是"纠正世道"起义、"世均"起义的终极理想。

然而，立志于"纠正世道"的民众行动有时候会以一种颠倒的形式表现出来。一八六七年（庆应三年），"纠正世道"起义一晃变为"这不挺好嘛"，就是其表现之一。

所谓"这不挺好嘛"，是指以从天上落下伊势神宫的神符为契机，从东海道、名古屋一带发展到京都、大阪的民众集体性的癫狂行动。这场暴乱波及范围甚广，将江户到云州的民众卷入其中，甚至在北九州岛也显现出一丝迹象。一般人们将其解释为，这是伊势神宫每六十年举行一次的集体参拜——"庇护参拜"的变相发展，也有人认为该年六月起，在代表东海地方农民信仰的伊势神宫别宫伊杂宫（位于三重县）举行的御锹祭百年祭，才是"这不挺好嘛"爆发的契机。

先不论二者对错，让我们把目光转向街头。民众身穿绯红绉绸的和服或青紫色衣物，男人穿女装，女人穿男装，众人和着太鼓、笛子、三味线哄闹喧嚷，手舞足蹈，嘴里唱着"这不挺好嘛，这不挺好嘛"，舞姿愈加疯狂。而这个口号中正隐含着他们"纠正世道""世均"的要求。

把这一具有宗教色彩的民众集体行为算进去，当年"纠正世道"起义的数量是一八六六年顶峰期时的一半。如此看来，"这不挺好嘛"和"纠正世道"起义是共存关系，而非后者转入前者、被前者吸收的关系。同时，这群魔乱舞的狂躁状态也成为倒幕政治工作的烟雾弹。

2. 变化的幕藩体制

幕藩体制的变化　　上节所述的变革的暗流虽然速度缓慢，但切切实实地正在动摇着持续了将近两个半世纪的幕府体制的根基。

社会根基动摇了，上层建筑就会动摇，进而就不得不进行变革。打个形象的比方，此时身处金字塔顶端的幕府已渐渐无法站稳脚跟。在老中水野忠邦主导的天保改革中，通过给予补偿地，将距离江户、大阪最近的土地收归幕府，这一所谓的上知令（上地令）反成为水野忠邦倒台的重要因素。上知令乃幕府专有的转封权的一种变形，也就是说此时连这一权力幕府都无法实行。同样，一八六二年（文久二年）闰八月，作为幕府文久改革的一环，参勤交代①的时间限定之所

①江户时代，各藩大名必须在江户购置宅邸，将妻子儿女安置其中作为交给幕府的人质，大名本人则一年在领地视事，一年到江户替幕府将军执行一段时间的政务。其间的仪仗开销、路费以及住在江户的生活费全部自己承担。也作"参勤交替"。

以被放宽，正是因为幕府惧怕如不出此策，会遭到故意破坏。参勤交代本是幕府军役征收权的一种形态，由此可以看出幕府对该权限的独立行使也变得步履维艰。

国外刊物《日本报道者》（一八六二年十月二十五日）曾刊出"江户重磅消息"，副标题是"一场大革命"，文章称日本"国家基本结构发生了变化"（收录于《外国新闻看日本》，下同）。受此影响，《北方中国报道者》（同年十一月八日）亦写道，"统治了这个国家两个半世纪的制度发生根本性变化"，敏锐地捕捉到幕藩体制的剧变。大政奉还〔一八六七年（庆应三年）十月〕之际，坂本龙马曾说："只要把江户的银座①搬到京都，即便将军一职仍维持原状也不足为惧。"这进一步暗示了当时幕府的中央集权仅剩下货币铸造这一个权限。

理想国家观与朝廷的政治化

此外，外来压迫还带来了另一个问题——朝廷问题。早在一八二五年（文政八年），水户的会泽正志斋（会泽安）就在其著作《新论》中指出"国体，以论神圣"，在面对外来狄夷的压迫时，要有"神圣的理想国家观"。这一理想国家观

①银座，即造币局。幕初设于伏见、骏府，1612 年迁至江户，"银货币铸造所"改称"银座铸造所"。

突出了朝廷的地位，并将幕藩体制纳入其中（参照 42 页图）。亦如本居宣长在《玉匣子》〔一七八七年（天明七年）〕中所述，朝廷身处政权委任的顶点，幕府体制下的政权首先由朝廷委任于将军，再由将军委任于大名（"御任"论）。这一尊王论是在幕末时期幕府体制风雨飘摇的情况下，由幕府御三家①之一的水户藩水户学为强化幕府的正统性而提出的，由此开国后随着幕藩体制危机的深化，朝廷（天皇）作为该"御任"论之根本，忽然被冠以政治角色。

朝廷政治化的契机是外来压迫，而幕府的首席老中阿部正弘（福山藩王）也将"黑船"来航，视作"国家之大事"，认为其重要性远远超越了"锁国"这一家传"祖法"。因此，阿部一方面将该事报告于朝廷，另一方面火速翻译美国国书，向一部分大名级别以下的幕府官员、儒者、浪人、村民征集意见。

向"御任"论之根本、具有传统权威的朝廷作汇报，可光明正大地加强自身权力，同时，将外来压迫的危机感传达给统治阶级以外的部分平民，亦可进一步重整、强化风雨飘零的上层体制。可以说，阿部正弘做的这一切，依靠的正是以集中、扩大为核心的权力强化论。

---

①指德川氏中除德川将军家外拥有幕府将军继承权的三大旁系。

公武合体的体制

之后，阿部将水户前藩主德川齐昭任命为海防顾问，试图靠齐昭来压制支持攘夷论和幕政改革论的强硬派大名，同时进一步拉拢越前藩主松平庆永（春岳）、萨摩藩藩主岛津齐彬，欲借二人，把自己的意思顺利传达给大廊下诘（德川家族和大名的部屋）、大广间诘（外样大名[①] 等的部屋）的各个藩主。

此外，他起用了川路圣谟（勘定奉行）、水野忠德（勘定奉行）、土岐赖旨（大目付·海防小组）、筒井政宪（大目付·海防小组）、堀利熙（目付·海防小组）、永井尚志（目付·海防小组）、岩濑忠震（目付·海防小组）、大久保忠宽（一翁、目付·海防小组）、竹内保德（箱馆奉行）、井上清直（下田奉行）、江川英龙（太郎左卫门[②]、海防小组）、高岛秋帆（四郎太夫、炮术家）、胜海舟（安芳）等人，这些人之后均成为积极替幕府做事的开明官僚。

德川齐昭身为御三家之中的一员，虽然从立场上不得不强调身份秩序，但一八四六年（弘化三年），他曾对法国军舰到琉球一事表过态，认为"天下自德川家康后是德川氏的'天

---

①外样大名是在忠诚和亲密度上与德川家关系最不紧密的大名分类，为单纯的地方诸侯，只有管理自身领地而没有参与幕府政治的权力，且受幕府严密监控。
②幕府世袭代官江川家家主的通称。

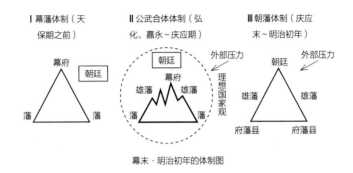

幕末·明治初年的体制图

下'，但如今'天下是天下人的天下'"，"不只是德川家的天下"（摘自《新伊势物语》）。这一说法将外来的危机扩展到整个"天下"，同时也体现了一种对外样大名夺权的忧惧，担心如不早做决断，外样雄藩势力会赶在幕府下令前打着"为了日本"的旗号有所行动。

这里所说的雄藩，是指拥有大量石高①、形成割据势力，同时客观上促进这种割据体制解体，具有自我矛盾性的藩国。他们在世界资本主义持续不断的影响下，保有自己的指导理念，成为能够改变幕府体制、建立国家新体制的中坚力量。

有关笼络雄藩进行体制改革的设想，本书之后会详细介

---

①石高代表所拥有的财产，地主和士族阶层之下的受薪阶层的俸禄也沿用石高来表示。

绍。这些雄藩的崛起和朝廷的政治化发生化学反应，使原来的幕府体制逐渐变为公武合体体制。下节所说的政治运动便是指在这种体制变化过程中发生的政治运动。

如果将天保期之前的幕府体制看作金字塔（前页图Ⅰ），那么开国到庆应年间的公武合体体制，则从幕朝关系逆转为朝幕关系，此时幕府权力式微而雄藩势力抬头（图Ⅱ）。再往后看，庆应末到明治初年（图Ⅲ），进一步形成了以朝廷为顶点，以雄藩（实为维新官僚）为支撑，统治府藩县的新型金字塔结构（朝藩体制的政府即维新政权）。

还有一点要重点指出，在图Ⅰ幕藩体制下，幕府曾是天下之"公"，但在外部压力袭来、政治形势不断发展的过程中，图Ⅱ体制下的"公"转移到朝廷，幕府则降格为"私"，公私发生逆转。之后，随着人们对外部压力担忧的加剧，相对于幕府的"私"化，变身为"公"的朝廷进一步升华为天下舆论中的"公"，如此，朝廷（天皇）转变成一种民族主义的象征。

3. 幕末政治运动的理论

尊攘运动的意义　　上节我们考察了幕末时期的体制变化，那么在这一过程中，尊攘运动、公武合体运动、倒幕运动（武力倒幕，简称讨幕）等政治运动是在怎样的理论架构或延展下展开的呢？

一八五八年（安政五年），突然升格为大老①的井伊直弼违背敕许，签署了《日美修好通商条约》，并拒绝了一桥派拥立的一桥庆喜（水户齐昭的第七子），将门阀世家南纪派拥立的和歌山藩王德川庆福（后改名家茂）任命为第十四代将军。以此为由，尊攘运动进一步高涨，"尊王"和"攘夷"本是两个独立的儒教名分，但井伊的反对派针对其违背敕许的行为提出"尊王"，针对签署开国条约的行为提出"攘夷"，展开

①日本江户时代德川幕府中的官职名。辅助将军管理政务，地位在老中之上，是临时性的最高职位。

对决。在这里，"尊王攘夷"（尊攘）融为一体，成为反对幕府的口号。

虽然尊攘运动的参与者有下层公卿、下级武士（不拒绝中上级武士参加）等，但处于该运动精神顶端的是天皇，天皇才被认为是绝对的存在。说到底，这一与攘夷组合起来的运动亦不过是站在儒教、名分论的观念上得以存立的。

不过，当运动在半殖民地化的危机感中展开时，尊攘运动又带有一种抵抗的色彩。与此同时，尊王价值体系中被视作绝对象征的天皇，开始着手准备给民众施加另一方迷幻剂，即成为推翻外来压迫的民族主义象征。而随着外部危机的不断扩大和深化，经济层面也受到波及，它促使部分觉醒了的富商豪农投入运动，进一步扩大了运动的根基群体。这些富商豪农成为所谓的"志士"，他们在全国流动，成为信息交换的据点，对运动的展开发挥了巨大的作用。

尊攘运动为对抗公武合体运动，以京都为中心展开，但文久三年（一八六三年）八月十八日的一场政变将这一切颠覆殆尽。失败后，支持运动的三条实美等七公卿逃到长州据点，这就是所谓的"七卿流亡"。当时，京都守护一职由会津藩藩主松平容保担任，而该政变正是由会津藩和长州藩的死敌萨摩藩策划执行的。

**朝廷、幕府与
西南雄藩**

政变后，孝明天皇发表声明称："十八日之后的政策才是天皇真正的意志。"

尊攘派本就以天皇为尊，所有行动的出发点均来自天皇，此时被天皇抛弃，他们也只能暗自伤神。至此，政局的主动权转移到公武合体派一方。

公武合体（也称公武一和）运动有两条路线。一条是朝廷与幕府的合体路线，另一条是朝廷与雄藩特别是西南雄藩的合体路线。

前者的目的在于加强朝廷与幕府的联系，强化幕府权力，由老中久世广周和安藤信正（原名为安藤信睦）为核心的久世、安藤政权主导。

一八六〇年（万延元年）七月，久世、安藤等老中联名向孝明天皇递上奉答书。书中强调了外部势力的威胁，指出为了在七八年甚至十年后实现天皇攘夷的愿望，必须通过公武合体来促进人心一致。若公武合体无法实现，无论天皇攘夷的决心多么强烈，终无法实现。

也就是说，他们表面上采取了尊重天皇的形式，真正目的却是利用公武合体强化幕府的统治。事实上，岂止七八年，十年后攘夷也不可能成功，这一点精通外交的老中安藤比谁都清楚。不过为了抢占不断高涨的尊攘运动的道义制高点，同时为了让幕府在对抗逐渐抬头的雄藩势力时获得优势，非常有必要把朝廷拉拢到幕府一边。

为此他们策划了一桩朝廷与幕府之间的联姻。一八六二年（文久二年）二月，将军家茂与孝明天皇同父异母的妹妹和宫举行结婚仪式，时年二人均为十七岁。

西南雄藩的公武合体运动则是在长州藩和萨摩藩之间的相互较劲与牵制中展开的。一八六一年（文久元年）三月，长州藩直目付长井雅乐提出"航海远略"之策，主张京都（朝廷）和关东（幕府）应舍弃安政违敕造成的隔阂，打开航路（贸易），朝廷对征夷大将军（幕府）发号施令，命其向海外展示己方武威。如此一来，作为"国是"（国家方针）的"远略"（对外计划），就首先由朝廷提出，幕府不过是听令而为，君臣之分得以纠正，且国内一统，"皇国"雄飞五大洲。

这一提案产生于幕府的开国国策和以京都为中心的攘夷论发生剧烈冲突之时。它以实行幕府的开国国策为前提，首先说服朝廷和幕府保持步调一致，这对幕府来说是一条绝佳的政治路线，因此久世、安藤政权举双手赞成。

然而，长州藩的公武合体政策却遭遇挫折，不仅受到藩内尊王激进派的反对，还发生了坂下门外之变〔一八六二年（文久二年）一月〕，老中安藤遇袭负伤。

更为棘手的是萨摩藩提出的公武合体路线。萨摩藩"国父"岛津久光（藩主忠义的父亲）声称要继承亡兄齐彬的遗愿，与尊攘派划清界限。因此，和长州藩长井劝朝廷配合幕府的做法不同，久光率一千余士兵上京，试图靠军事力量实行以幕府改革为前提的公武合体政策。这里的改革又叫作"三事策"。

三事策的第一策是，将军率大名上京，在此探讨国家大计、讨论国是。第二策是，沿海五大藩主（萨摩、长州、土佐、仙台、加贺）作为五大老参加国政，扩充攘夷必要的军备。第三策是，一桥庆喜辅佐将军，松平庆永担任大老。

一八六二年（文久二年）七月，在久光的力推之下第三策得以实施，庆喜担任将军后见职，永庆就任政事总裁职，至此，西南雄藩公武合体运动的主导权从长州转移到萨摩藩手中。

萨长公武合体的真意

那时有一本情报书，对久光的公武合体之策有如下记载：久光表面上宣扬攘夷，对天皇宣誓效忠，但事实并非如此。在他看来，萨摩藩一直在私底下和"夷狄"（外国）进行贸易（指琉球贸易等），而幕府的开国之策会导致藩贸易的衰退，将藩经济逼入绝境，这与获罪被没收一半财产没什么区别。但他又不能因此公然表现出对幕府的仇恨，只好打出攘夷的幌子做京都方面（朝廷）的工作，以阻止幕府开国，甚至谋划将来自己当上将军，实现自由贸易，所谓"全无尊王忠诚之心"。

此时，萨摩藩正积极推动以琉球及长崎为中心的藩际交易往来，在这一点上长州藩也一样。他们以马关（下关）为中心，不断扩大萨长贸易等各藩之间的交易圈。

从这一角度来看，萨长两藩的公武合体政策，归根结底是为了对抗开国以后幕府对贸易的垄断和对全国市场的控制。同时，也有试图挤入幕府政权分一杯羹的目的。

而这也关系着一个重要的问题，即为何明治维新由西南雄藩充当先锋？当然这需要具备各种各样的条件，其中最重要的一点是，这些藩国拥有琉球（萨摩）、下关（长州）、长崎（肥前、土佐）等对外开放的窗口。这些窗口即便在锁国的情况下，仍然通过对外贸易和国内交易，给本藩财政带来经济上的收益。同时，它们也是收集国内外第一手信息的最佳据点。

话说一八六三年（文久三年）年末到次年（元治元年）一月组织的参预会议（成员有一桥庆喜、松平容保、松平庆永、山内丰信、伊达宗城、岛津久光），促成了公武合体政策的部分实现，但不出几日便分裂、解体。

如此看来，公武合体运动大致可以分为朝廷（公）和幕府（武）、朝廷（公）和西南雄藩萨长（武）两大路线，前者和后者分庭抗礼，后者中的长州和萨摩又相互对立、流动不定。二者虽然都意在促进幕府的重整和强化，内部却亦涌动着分裂的暗流。

尊攘运动和公武合体运动的对立交错

从上文运动的展开方式可知，公武合体运动是公武合体派将朝廷（天皇）作为相对操作的对象，以达到自身政治目的的一种手段。

尊攘派将一切价值归结于天皇，把天皇的存在绝对化，与此相对，公武合体派却将天皇相对化，某种程度上摆脱了天皇的绝对化。

一八六三年（文久三年）五月下旬到六月，抱着与尊攘派军事对决的心态，老中小笠原长行率军上京。就在该年三月，围绕攘夷期限发生争执时，他曾在上书将军的建国论中说道："对于敕令，不讨论利害得失而盲目遵循，乃'妇女之所为'。"一边是把天皇绝对化的尊攘运动，一边是把天皇相对化的公武合体运动，这两种政治运动和政治路线相互对立，相互交错。而正是这对立与交错，才让庆应时期的讨幕派应运而生，讨幕运动由此展开。

讨幕派的理论　　倒幕"志士"们在彼此书信往来中，用隐语"玉"表示天皇，将"倒幕"的策划说成是"戏剧"。所谓只要夺走"玉"，整个"戏剧"就成功了。

不知他们把"玉"念作什么[①]。不过我认为这个"玉"字既有"gyoku"的一面，也有"tama"的一面。"gyoku"在象棋术语中指"帅"，一旦帅被对方将死，就满盘皆输。因此"gyoku"意味着绝对。而"tama"一方面指最为珍贵的事物，另一方面也指策略等手段，即政治计谋的意思。这么看来，"gyoku"是尊攘运动中被明确提出来的天皇的绝对价值观，"tama"是公武合体运动中相对性带来的政治手段。这个意指天皇的隐语同时包含了以上两种意思。而内含了这两种意思的"玉"，在庆应年间以讨幕运动的形式表现了出来。具体说来，它是尊攘运动和公武合体运动扬弃后的产物。

一八六五年（庆应元年），大久保利通给身在大阪的西乡

---

①日语中"玉"可以读作"gyoku"，也可以读作"tama"。

隆盛寄去一封书信。信中写道："得至当之理，天下万人尤为称道乃敕令也，非义之敕令并非敕令，不予遵循。"这是对朝廷允许第二次征长（长州征伐）的批判。

大久保虽然以"天皇的命令是绝对的"为前提，但同时也认为不义的敕令不是敕令。这里他摒弃了敕令本身的绝对性，而是从别处寻找判断标准。那么别的判断标准又是什么呢？是天下万人所承认的社会舆论（公论）。而把什么视作社会舆论，这里就有了讨幕派自己的判断。他们将公论与朝廷（公）合二为一，通过高举天下公论的牌子，将自身的主张贴上天皇的标签，包装为获得至当之理的敕令。敕令唯有经过讨幕派的价值判断才能成为敕令，天皇因讨幕派的政治操作而绝对化。"gyoku"和"tama"的这一交错理论凝缩于被称作"玉"的天皇中，这是讨幕运动的理论基石。

一八六六年（庆应二年）十二月二十五日，孝明天皇溘逝，次年一月，年幼的睦仁（之后的明治天皇）即位。围绕天皇的溘逝，有人说是因为痘疮，还有人说是遭到毒杀。当时毒杀的流言最早从宫内传出，主谋中列出了讨幕派成员的名字。先不说毒杀一说是否属实，之所以有此说法，也是因为有人从中读取出了"除掉执着于攘夷之'玉'，以新玉换之"的讨幕派理论吧。

4.“大君”制国家之梦

萨长的转身、同盟与国际形势　话说一八六四年（元治元年）到庆应时期（一八六五年之后），政治形势发生了巨大的变化。一八六四年三月参预会议的解体进一步加大了公武合体派大名和幕府之间的分歧。第一次征长时站在幕府一边的萨摩藩，在面对次年九月（庆应元年）幕府发出的第二次征长令时，却无动于衷。

而在长州藩，元治内战之后，讨幕派掌握了主导权，确立了举藩军事体制。一八六四年年末到一八六五年一月，高杉晋作的马关（下关）举兵为其创造了转机。高杉晋作率领"不论身份、唯有志者"组成的奇兵队（一八六三年六月创立，士族和农民参半），讨伐濑户内一带的村落统治者，打着稳定民心的口号举兵马关。随后，高杉晋作以濑户内地带的庄屋、大庄屋（富农豪商）为基础，吸收民众起义的能量，从而成功地从反对派手中夺回权力。该藩之所以下定决心走上开国的道路，是因为一八六四年（元治元年）八月，英法美荷四国联合舰队攻击下关时，他们尝到了惨败的苦果。

萨摩藩在萨英战争〔一八六三年（文久三年）七月〕失败后，开始和英国接近。由于同时意识到开国的势在必行，长州和萨摩两藩之间的隔阂急速消退。终于，一八六六年（庆应二年），两藩在基于六条协议的基础上结盟（萨长同盟）。这一盟约考虑到了幕长之间开战、不开战，甚至是取得胜利抑或失败等所有情况，是非常务实的盟约。作为当事人，不论是萨摩的西乡隆盛、大久保利通，长州的木户孝允，抑或是搭桥牵线的土佐的坂本龙马、中冈慎太郎等，都设想了与幕府对决的形势走向，并一致认为如果藩与藩之间不能团结，就无法与幕府对抗。同时，该军事同盟亦是萨长二藩为反抗幕府把持全国市场而设立的经济同盟（名为商社盟誓，操控大阪，扼住整个西日本市场）的延伸。他们的目的是打倒幕府，建立以天皇为中心的统一国家（"皇国"）。

因此，一桥家、会津藩、桑名藩（统称"一会桑"）等要控制朝廷阻止对手，除决战之外别无他法。而且即便一会桑政权控制着朝廷，也丝毫不能松懈。所谓把"玉"抢走就好，正是我们在前一节所说的讨幕派的理论。

幕府与萨长联盟对抗的背后还有国外势力的博弈。一八六四年（元治元年）三月，法国人罗叔亚以驻日公使的身份抵达日本，随即开始为对抗处于优势地位的英国而有所行动。他接近幕府，尤其是幕府内的亲法派（小栗忠顺、栗本锄等），并进一步接近坐上第十五代将军宝座的德川庆喜。而幕府也试图通过拉拢罗叔亚，与萨长势力积极对抗。英国方面，一八六五年（庆应元年）闰五月，帕克斯接替前任驻日公使阿礼国后，与馆员萨道义一起开始积极筹谋。英国佯装中立，实则支持萨长。就这样，国内势力的角逐被染上了国外势力的色彩。

这种斗争不仅体现在国内，甚至还发生在法国皇帝拿破仑三世于一八六七年（庆应三年）举办的巴黎世博会（阳历四月一日，阴历二月二十七日）上。针对幕府的参展，萨摩藩和佐贺藩均要求设立属于自己的独立展厅，坚称自己具有唯一代表性的幕府不得不做出妥协。最终，幕府以"日本大君政府"、萨摩藩以"日本萨摩太守政府"、佐贺藩以"日本肥前太守政府"分别参展，各自挂上旭日旗，幕府在国际舞台上威望尽失。

德川庆喜的庆应改革

当然幕府也没有坐以待毙。

一八六六年（庆应二年）七月二十日，

德川庆喜（茨城县立历史馆藏）

第十四代将军德川家茂在征长的出发地大阪城逝世。八月二十日，幕府发丧，同时宣告德川庆喜继承德川宗家，紧接着二十一日发休战书。经过一番深思熟虑后继承宗家的德川庆喜于九月提出了录用人才、强化军力、重视外交信义等八条改革纲要，开始庆应幕政改革。然而，他迟迟不肯接受将军之职，直到各大名审议推举、万事俱备后，方于十二月当上第十五代将军。

庆应改革的推进者有老中板仓胜静、稻叶正邦、小笠原长行，大目付永井尚志（后为若年寄），外国奉行平山敬忠（后为准若年寄），勘定奉行小栗忠顺、栗本鲲等。他们几乎都是开国之后通过人才选拔的途径走上舞台的实力派官僚，尤其是在外交、军事和行政、财政方面均有建树的小栗、栗本等开明吏僚，更是这一改革的核心人物。而从外部予以支持、提出具体改革设想的正是法国公使罗叔亚。幕府从内政、外交、军事、财政、经济等多方面实施改革，试图夺回第二次征长失败后逐渐失去的幕府权力。

幕府体制改革设想的发展

在这里，我们回顾一下幕府开国以后，其体制改革设想的变化与发展。早在一八五七年（安政四年），越前藩主松平庆永就考虑过一个方案，即幕府改变老中制，将谱代、外样、家门糅合起来，从御三家中选一人当总督，设五大老。其心腹桥本左内则认为，考虑到外部压力，锁国是不可能的。他认为应以将军为核心，任命松平庆永、德川齐昭（水户）、岛津齐彬（萨摩）等实力雄藩藩主为国内事务宰相，锅岛齐正（佐贺）为外国事务宰相，同时让川路圣谟、永井尚志、岩濑忠震等有能力的幕府家臣分别辅佐，并将家门、谱代或外样雄藩派往京都、虾夷地，启用小藩有志之士，接受西洋技术，掌握物产流通，加强虾夷地的开拓和航海技术。

文久时期（一八六一年～一八六四年），开明派幕府家臣大久保忠宽（一翁）主张设立公议会，建立以公议会为核心的政权体制。大公议会设置于京都或大阪，诸大名作为议员，共议国是（一院制议会），小议会设置于江户和其他各市，发挥地方议会的职能。

加藤弘之蕃书调所[①] 教授助手，出石藩出身也主张"立

————————————

①日本锁国时代通过荷兰传入的西方科学文化知识，叫作兰学。

上下分权之政体，设公会，施公明正大之政事"（《最新论》）。他这一改革论借用了中国清朝改革之名，和大久保的公议会论有异曲同工之妙。

由此可以看出，幕府一方的改革方案与庆永、左内主导的幕藩体制改革齐头并进，在形成的过程中引入欧洲近代制度的立宪政体论，逐渐丰满起来。

庆应时期的幕府设想　到庆应时期，特别是一八六七年（庆应三年）时，该设想变得更为具体。

是年七月，信州上田藩士赤松小三郎（修兰学，习英式兵学）向松平庆永致意见书，他立足于公武合体论，主张内阁制、两院制。从供职于天子的将军、公家、诸大名、旗本[①]中甄选六名有才能且通万般学识之人，其中一人任统管行政事务的行政府长，其他五人分别担任掌管财政、外交、军事、刑法、租税的宰相。这是所谓天朝之下的内阁制。议政局分上下二局，上局（约三十人）从公家、诸大名、旗本中择选，下局（约一百三十人）从各藩不拘一格遴选人才。议政局负责立法，一切国事在上下二局决议的基础上申报朝廷，获得

---

①指在江户时代石高未满一万石，但有资格在将军出场的仪式上出现，且家格在御目见（直接谒见将军）以上的德川将军家的直属家臣团的统称。

许可后推行全国（朝廷否决时返回再议，具体流程和之前一致）。

九月，洋学者津田真道（津山藩出身）向幕府提出"日本国总制度"的方案。津田的方案为，由德川氏担任管辖全国的总政府（行政府）长，掌握军权，立法由总政府和法制上下两院分掌（分掌的具体方案不明），两院的构成人员为诸大名和全国人民代表（十万人中选一人），全国政权以德川庆喜为核心。

这与十月十八日松平乘谟（大给恒）提出的意见书大同小异。后者概要如下：

（1）在"全国"及"州郡"设上下议事院。"全国"上院从诸大名中甄选十人，下院三十席位从大小名中公平选举。"州郡"上院（十名）从大小名中选出，下院（三十名）则包括藩士在内，广纳贤士。所有人选均由选举产生。

（2）一切国政都需上下院审议。其决定事项连"主上"亦不得有异议。

（3）置"全国守护之兵"。为此要新设海陆军，配置于各地要冲。身为全国守卫兵，海陆军士官应从大小名、藩士中广泛推举，选取强勇有志之人，费用由诸大名、各寺院缴纳三分之二石高，并通过收取商税，广为征集。

该案虽未明确朝廷和中央政府的关系，但重点在于将各藩"私权"收归中央政府，同时把军权也集中于政府，一切国事都要在议事院讨论的基础上展开。

有一点必须注意，该案提出的时间是，十月十四日大政奉还后的第四天。

"大君"制国家设想

大政奉还的前一天，即一八六七年（庆应三年）十月十三日，洋学者西周〔藩医津和野之子，脱藩籍学洋学，任蕃书调所助教。一八六二年与津田真道一同留学荷兰，修法律、经济、哲学等，一八六六年归国后，任开城所（蕃书调所先改为洋书调所，后又改名为开城所）教授〕突然被召到二条城的大广间。大广间走廊的障子屏风内，西周和盘腿而坐的第十五代将军德川庆喜促膝而谈。那时的西周是德川庆喜身边的奥诘并[①]，在教授庆喜法语的同时，也为幕府翻译外交文书。

德川庆喜就国家的三权分立、英国议院制度等向西周提出疑问，西周一一作答，并将其整理成笔记，于次日交给庆喜。

一直到大政奉还的前一刻，庆喜都对欧洲近代国家的形

---

①专门接受将军咨询的官职。

态和议院制保持关注，这一点非常重要。

十一月，西周执笔《议题草案》，提交给庆喜身侧的平山敬忠（若年寄）。该案被认为是西周为庆喜量身定做的方案，现收藏于国会图书馆宪政资料室的书库中。《议题草案》的简图如右，主要特征有：

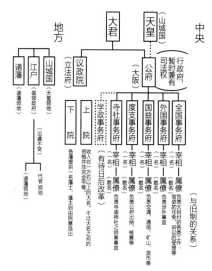

西周于庆应三年（一八六七年）十一月起草的《议题草案》中，关于"大君"制国家的构想

（1）大君在中央权力的顶点。将行政机关公府设于大阪，下设五个事务府（将来六个），各派一名宰相进行管辖。它以一八六六年（庆应二年）幕政改革后的庆喜政权为基础，具有很高的务实性和可操作性。暂定公府掌有司法权。

（2）议政院作为立法机关，分上下两院。上院由一万石高以上的大名组成，下院由各藩主从本藩中选出的德高望重之人组成。

（3）大君横跨公府和议政院，作为元首掌握行政权，握

61

有公府的人事权，决定赏罚、法令法度等，同时作为上院议长，有权解散下院。大君拥有绝对权力。

（4）各藩保持现有藩领不变，江户由德川氏直辖。军权暂由各藩掌握，但最终将收归大君。

（5）将天皇（朝廷）限于山城国内，赋予其元号、度量衡的制定权、封爵权和宗教（佛教）权。天皇对议政院议定的法律有钦定权（依天皇之名制定），但无否决权；不具备独立的军权。即天皇和从前一样，只具有传统性的权威而无政治实权。但可接受大名在节日献上的贡品。

总之，该方案将政治、经济、军事以及司法实权都集中于大君。

而之所以将公府置于大阪，正如萨长同盟所料，是想控制当时西南雄藩觊觎的西日本经济市场，同时政治上也与西南雄藩形成对峙。这也意味着由此进一步掌控了逐渐形成的全国市场，可见其继直辖江户后，又想将大阪变为控制全国政治、经济之枢纽的意图。

《议题草案》将大君上升到可和英国国王、土耳其苏丹、俄国沙皇相匹敌的高度，该大君由德川庆喜担任，因此也可以说是引入议会制（公议政体）、将权力集中于庆喜的新型统一国家的统治设想。这是幕府一方对新政权构想进行一系列摸索后的最终归途，可以视作新德川国家的"大君"制国家设想。

未发的可能性　　这个"大君"制国家设想虽然未能实现，但也并非没有实现的可能性。要知道，变革时期本来就拥有各种可能，而现实发展只是其中一种而已。内部条件或外部境况稍有不同，其他某种可能就有可能发展为现实，从而改写历史。接下来，我们从遗留下来的史料中去找出虽未实现但有可能实现的那些选择，并对其加以历史性的考察。我愿将其称为"未发的可能性"，它和"如果"这一历史学禁忌有实质性差异。

如果再加一句，我想说它和败者的视角是相通的。根据彼时条件的不同，胜者与败者完全有可能发生逆转。然而，一旦成为胜利一方，所谓"胜者为王"，就会以胜者的角度去看历史——不，只能以美化胜者的角度去书写历史。明治维新史也不例外。正因为如此，为了让历史更为客观，我们有必要站在胜者看不见的角度——败者一方去观察历史。在那里，有踩踏一方永远不会明白的被踩一方的痛楚，而这饱含痛楚的"历史"，便和含有"未发的可能性"这一设想的历史合二为一。

回到主题，如果我们把上面《议题草案》中的"大君"制国家设想，放到幕府有关新型统一国家设想的一系列内容中来看，那么它就是在大政奉还迫在眉睫时，庆喜从西周这一智囊中找到的、对大政奉还后庆喜的出路最具现实性的方案。

那么，如果将"大君"制国家设想放到教科书记载的所谓大政奉还（庆应三年十月十四日）—王政复古（同年十二月九日）—鸟羽·伏见之战〔庆应四年（元治元年）一月三日〕这一时间线的十一月，历史又会是怎样一番风景呢？

"大政奉还"的真意及之后的德川庆喜　倘若庆喜想将政权还于朝廷，远离政治实权，就不会有大政奉还四天后幕府一方松平乘谟的方案，也不会有十一月西周的"大君"制国家设想。因此，当时就连站在幕府一方的越前藩士都禁不住怀疑，这是否是庆喜企图实现复权的"谋略"，指望着朝廷接受奉还后不知所措，天皇再次将政权委任于他。因为在此之前，天皇已有两次（一八六三和一八六四年）将庶政委任于幕府的先例，庆喜指望会有第三次也是理所当然。大政奉还彻底解除了获得"讨幕敕令"（十月十三日和十四日）的讨幕派发动武力的借口，形势更为混沌，各大名都在观望。而大政奉还后，坂本龙马也开始宣扬"不战"，与讨幕派之间渐生嫌隙（十一月十五日，龙马被暗杀）。

在此形势下，老中兼陆军总裁松平乘谟率幕府军上京，旗本们也纷纷往京都集结。讨幕派深感危机重重，于十二月九日毅然发动王政复古的政变，宣称要废除幕府和摄关制。心有不满的公议政体派大名们试图反扑，庆喜移阵大阪城，以旧幕府军固守周边。随后，幕府向各国使臣宣告对履行条约负责，间接向国际社会宣告自身仍掌握政权。这意味着庆喜开始试图走上"大君"制国家的道路。

被逼上绝路的讨幕派向幕府发起挑衅。一八六八年（明治元年）一月三日，鸟羽·伏见之战爆发。讨幕派试图以武力粉碎通往"大君"制国家的道路。

也许是初战失和乱阵脚，庆喜趁着夜色逃离大阪城，乘坐幕舰"开阳丸号"回到江户城。随后，庆喜让津田真道创立集议所，一月下旬命西周调查立宪政体，并让津田和加藤弘之也加入调查。这一切意味着什么呢？

就东归后庆喜的动向，外国报纸描写道：他召集众多装备齐全的士兵和大量武器、弹药等军事物资，军事力量比战败前进一步增强，稳步加固江户的防备，并指出"要是他不准备打仗，这一系列动向就无从解释"（《北方中国报道者》一八六八年三月十四日）。联想到庆喜东归后仍然对立宪政体的执着，我们亦可以肯定他对建立"大君"制国家的执念。

然而，或许意识到形势已无力回天，庆喜于二月从江户城转移到上野东叡山大慈院。四月一日江户开城后又赴水户，七月进入骏府（静冈）宝台院。

之后，一直到一八九七年（明治三十年）十一月，除因私事上京之外，庆喜再未因公上京。经人引荐，一八八九年三月，他首次入宫，拜谒了明治天皇和皇后。据说当时天皇和庆喜曾把酒共饮。随后天皇对伊藤博文感慨道："伊藤啊，我今天终于赎罪了。我夺了庆喜的天下，今天一起喝酒，他说这都是造化使然，不是二人能左右之事。"

庆喜晚年居留骏府三十载，或许是对被夺去"大君"制国家之"庆喜天下"的无言抗争，而从庆喜那里夺取"大君"制国家之"大君"宝座的人（天皇），也知道是自己窃取了"庆喜的天下"。

第三章　明治政府的成立

意大利画家艾多拉多·基奥索内所画的西乡隆盛（左）和大久保利通（右）（鹿儿岛县历史资料中心－黎明馆收藏）

1. 在权力与民众的夹缝间

《五条誓文》和草案变化的意义　一九四六年（昭和二十一年）元旦，一则否定天皇神格的《天皇人间宣言》（正式名称为《关于新日本建设的诏书》）横空出世。其开头引用了《五条誓文》，并指出战后所要建立的民主主义的源头在明治维新。

《五条誓文》内容如下：

一、广兴会议，万机决于公论。

二、上下一心，盛行经纶。

三、官武一途，下至庶民，各遂其志，不倦人心。

四、破旧来陋习，遵天地之公。

五、求知识于世界，振皇统之根基。

这是一八六八年（明治元年）三月十四日，睦仁天皇（明治天皇）在京都御所内的紫宸殿上，率公家、诸大名及文武百官，对天地神明发的誓文。与此同时，一则名为《宣扬国威之宸翰》（木户孝允起草）的文书也发布天下。宸翰（天皇执笔的文书）指出，在万国对立、各显其势的形势下（万国对峙），天皇应以亲征来安抚万民，威震四方。誓文与宸翰系一体，但当时宸翰更受重视。

天皇以率群臣向神明宣誓的形式，明确了天皇是新政府，其权力主体的权威性得以确立。因此，这一宣誓的对象并非人民。

该誓文草案最先由福井藩士由利公正（三冈八郎）在一八六八年一月，为制定议事所规则而执笔，随后土佐藩士福冈孝弟进一步修改，用于充当诸侯会议（列侯会议）的盟约书，后经长州藩士木户孝允润色，最终连岩仓具视、三条实美也加入其中，终于赶在十四日早朝前定稿。誓文每经过一次润色或修改，原版中的具体、限制性语句就变得更加抽象。

例如，福冈版本中的"兴列侯会议"之后改为"广兴会议"。因此一直以来，"广兴会议"被解释为"兴列侯会议"。可这并没有回答为何"兴列侯会议"会改成"广兴会议"这一问题。

《五条誓文》还涉及大阪亲征。一八六八年（明治元年），为一扫多年积弊，木户提出"会三百诸侯归还土地和人民"的意见，然而它被大久保利通修改为迁都大阪论后正式提出。迁都大阪论并非简单地把首都从京都迁到大阪，而是要打破束缚京都公家的传统，将身在"破败"深处的天皇推到人民面前（事实上，从这时候开始，锦绘上的天皇都清楚地画出了脸），宣传其是"人民的父母"，能带来无上恩惠。与此同时，他认为天皇一下命令，天下都要抖三抖，如果不建立这样的国家体制，就无法向海外宣扬皇威，与万国对峙。为此，次日即十五日，"三月二十一日亲征大阪"的指令传遍天下。而三月十五日这一天，正是萨长讨幕军计划总攻江户城的日子。

在这样的形势下，木户、大久保等讨幕派就包括公家也提出异议的亲征大阪等问题在内，为如何掌握新政府的主导权而费尽心思。若誓文中留有"列侯会议"的字眼，恐怕公议政体派会以此为借口召开大名会议，发起反攻。基于此，他们删去"列侯会议"，改为"广兴会议"，以堵住反对势力的嘴，且给人以尊重公议的印象，吸引摇摆的各方势力聚集到"广纳百川"的新政权身边。因此宸翰中亦体现了天皇的意志，即所谓"去私见，采公议"。

作为政治纲领的誓文 此外，誓文之所以采用了开明的文言，也和当时的对外形势有关。彼时正值神户事件（一月十一日，冈山藩兵在神户与外国人发生冲突）、堺事件（二月十五日，土佐藩兵和法国士兵发生冲突）、英国公使帕克斯袭击事件（二月三十日）等外国人被杀被伤事件先后爆发之际。面对这一系列事件，新政府如果不主动展示自己的开明性，就难以获得列强的支持。而如果没有列强外交团的支持，戊辰战争的前景将难以预测。

在誓文发出的第二天，又出现了所谓的《五榜揭示》，即正儒教道德之五伦，戒恶业、禁党徒、禁强诉①、禁逃散、禁天主教〔第一到第三条（永世之法）〕，履行万国公法，禁杀伤外国人，戒脱籍浮浪化②〔第四、第五条（一时之公示）〕。这些条目表达了新政府对民众的态度。

《五条誓文》和《五榜揭示》，一方开明而一方封建，乍看充满矛盾，实为一个盾牌的两面。我们往往把《五条誓文》看作新国家的建国宣言，其实倒不如说这是迫于当时海内外政治形势而发的极具政治性的纲领更为合适。如此一来，为

---

①平安时代中期以后，僧兵、神职人员借神佛权威，集体向朝廷、幕府提出要求。江户时代，农民向领主提出年贡减免等要求。
②指退出本籍无所属的状态。

什么岩仓使节团（后文详述）在美国进行宪法调研时，负责总结誓文的木户却将四年前的这一誓文忘得一干二净就能说得通了。如果是具有建国宣言性质的纲领，木户的这一表现无论如何解释都未免太过牵强。而当时比起誓文，宸翰更受重视也与此有关。

那么为何《五条誓文》会出现在《天皇人间宣言》中，被人们视作民主主义性质的纲领呢？其一，它用语开明；其二，在自由民权运动的过程中，该誓文的各个条目曾被民权运动的先锋们作为开设国会的依据而引用。推行民权运动的人们，以天皇向神明发誓的誓文为反向撒手锏，寻求开设国会的正当性。可以说这是《五条誓文》在政治上的失控，而这种失控在历史中并不少见。

"公论"的意义　　接下来，让我们从维新政府成立初期的语境中，去找寻《五条誓文》第一条中"公论"的意义。

一八六八年（明治元年）闰四月二十一日公布的《政体书》率先提到了《五条誓文》。它主张天皇之下"天下权力都归太政官"的集权制，形式上采用三权分立和议事制度，强调"公议""公论"（以下均记作"公论"），甚至规定了官员四年替换、公选制度。

这里的"公论",是幕末时期幕府及公议政体派为重振势力而打出的口号。幕府一倒,维新派官僚就有意无意地接过大旗,动辄在当时的布告类文件中使用该词,《五条誓文》就是其中的代表。之后,不论是在中央政府,还是在地方藩国,都设置了公议机关(公议所、众议所、藩议院等),有时还会公开选举议员,讨论政策。

然而,"公论"一词虽然大为热门,却不过是以新政府口号的方式上传下达,因此它并未和前文所述的"纠正世道"之志向有机结合。甚至,这一"公论"反而被当作压制异议的手段,以加强集权和扩大集权。此外,"公论"还和"国家独立"这一民族主义性质的一面相结合,与作为民族主义象征的天皇形象重合起来。靠着"公论"这一关键词,天皇和国家成为一体,给人们"天皇才是对峙万国的民族主义象征"的幻觉。

一八七〇年(明治三年)三月二十日,木户孝允在写给三条实美的信中如是说道:解开人民一直以来受到的束缚,给予每个人"自由之权",以此来"独立出"天皇政治,从而打破诸藩旧习。也就是说,这里所说的"自由",是为打破诸藩旧习、建立天皇政权而服务的。因此,当幕藩体制开始解体,天皇政府的建立指日可待时，"自由"的权利就被抛弃。"公论"的口号亦随之在几年之内消失得无影无踪。彼时，权力的主导权已经落到天皇周围的维新官僚手中。

有关维新官僚们所要建立的国家体制，岩仓具视曾如此说道："不待明天子、贤宰相出，而国家足可自持，非确立该制度不可。"（一八六九年一月）他提倡建立一个即便没有"明天子""贤宰相"，也可以维持正常运转的官僚制国家。而这就是他们所描绘的近代天皇制国家的蓝图。

明治初年的多重危机　我们看一下明治初年农民起义的次数。一八六八年（明治元年）一百四十一次，次年更多，达到一百五十一次（一八七〇年九十二次，一八七一年六十四次，逐渐减少）。这些起义从东北到九州岛，席卷了全国。他们在要求救济贫困的同时，也在"更换政权"造成的政治混乱中横插一脚，把村官和富商豪农看作政府爪牙而大肆攻击，高举政治诉求。人们认为"王政"不及幕府，并口口相传萨长劣于德川氏。某本探索书〔一八七〇年（明治三年）六月〕认为，当时怀念旧幕府的人有七成，支持新政府的不过三成。

让我们再看一看一八六九年（明治二年）四月，东京小石川方面发出的檄文。该檄文断定现在的"王政"不过是一种雄藩谋取私利的政治。要改变天下，当"大举治世安民之兵"，"选贤明之士"任"日本君王"，实施"至当公正之善政"，使人民无一人贫穷痛苦。要建"升平鼓腹，夜不锁户之世"，需大家齐心协力，共议"义举之大事"〔藤井甚太郎、森谷秀亮《明治时代史》（《综合日本史大系》第十二卷）〕。这难道不是为了实现一八六六年（庆应二年）八月江户小石川扔诉中所说的"纠正世道"之理念，在共和制设想下，进一步推进改革的行动吗？

明治初年，抱着"纠正世道"之理念的这股能量已经在社会最底层蠢蠢欲动。加上草莽、"脱籍浮浪"之徒对政治的不满和猜忌，政府高官被暗杀、袭击（参与[1] 横井小楠暗杀、兵部大辅大村益次郎袭击事件、参议广泽真臣暗杀事件等）、叛乱、颠覆政府之事（山口藩诸队叛乱、米泽藩士云井龙雄等的谋反、爱宕通旭事件等）层出不穷，这些矛盾的集中井喷使新政府陷入深刻的危机之中。如何化解这些极易发展为内乱的多重危机，成为维新官僚们的头等大事。

---

①官职名称，类似于"顾问咨询官"。

2. 国家统一

朝令暮改的制度、人事

有个词叫"朝令暮改"，说的是早上发出的命令到了傍晚就被修改，以讽刺法令变更之快，让人难以信任。

明治初年的官制变迁正是朝令暮改的绝佳案例，其变化之快直叫人眼花缭乱。一八六七年（庆应三年）十二月九日，随着《王政复古大号令》的发布，幕府、摄关制被废止，新设总裁、议定、参与三职。不出四十天，三职变为三职七科，又过不足一月，即一八六八年（明治元年）二月三日，三职七科变成三职八局。紧接着闰四月二十一日（《政体书》）、一八六九年七月八日（职员令）、一八七一年七月二十九日（太政官职制）、一八七一年八月十日等，官制历经多次更改。制度如此，人员的变动更是剧烈。

这从岩仓具视身上便能窥见一斑。岩仓于一八六七年

（庆应三年）十二月九日成为参与，二十七日成为议定；一八六八年（明治元年）一月九日成为副总裁，十七日又兼任海陆军务会计事务等总督；二月二十五日，他被任命为右兵卫督，但闰四月二十一日制度变更后，又恢复为议定；二十三日刚离职，紧接着二十五日又重任议定。此后到一八六九年七月八日被任命为大纳言之前，一直担任此职。一八六九年十一月二十三日，他又成为兵部省御用职，次年四月二日辞职，七月十日就任民部省御用职，可闰十月五日又辞职。一八七一年七月十四日成为外务卿，十月八日变为右大臣。职务变更可谓仓促。大久保利通、木户孝允也大抵如此。

以上的频频变动说明，成立伊始的明治政府是流动的，它反复尝试反复探索，不论在制度还是人员方面，变动之快令人应接不暇。事实上，在这一激荡起伏的过程中，权力从幕府（将军）体制转移到了天皇制。与此同时，幕臣、藩臣也变为朝廷家臣，实现了朝臣的蜕变。这也意味着公家、藩主阶层的没落，在取而代之成为朝臣的维新官僚，特别是在以萨长为首的维新官僚的努力下，藩阀政权进一步加固。这一方面看，是上下求索、朝令暮改的政治；但另一方面看，亦可以说是天皇政府内部，维新官僚逐渐掌握政治主导权的过程。

旨在促进藩体制解体的藩政改革　戊辰战争从经济上促进了藩体制的解体。战争的财力消耗让本就债台高筑的藩财政陷入瘫痪。一八六八年（明治元年）到一八七一年间，相比幕末以来的藩债（旧债），各藩的负债额度（新债）所占比重均有所加大。这其中诚然有物价上涨的因素，但归根结底，还是由于戊辰战争给各藩带来了巨大的负担。事实上，在货币发行额可考的一百四十四个藩中，发行额与债务总和超过实际收入的藩竟有一百三十四个，达到总数的百分之九十三。

不仅如此，还有不容忽视的外债。戊辰战争前后，各藩从英、荷、普鲁士、美、法等国进口军舰、汽船、武器及其他用品，这些都形成了债务。

陷入财政恐慌的藩国内部，围绕勤王[①] 还是佐幕[②] 产生分裂，矛盾进一步激化。加上各地爆发的起义和打毁运动[③]，藩体制愈发风雨飘摇。

而作为戊辰战争主力的西南雄藩，则军力大增。此外，跳脱出本藩控制的下士（底层藩士）、兵士阶层也逐渐抬头，

---

① 为天皇工作。
② 为幕府工作。
③ 针对行为不正的人，破坏其房屋以示惩罚的做法。

其中山口藩的诸队叛乱是最好的印证。木户孝允将之称为"尾大之弊"，即尾巴的力量过于强大，导致头部受限，失去遏制尾巴的能力。叛乱诸队甚至表现出和农民起义联手的迹象。

一八六八年（明治元年）闰四月公布的《政体书》上，将地方行政设为府、藩、县三部制。十月，新政府又出台了"藩治职制"，废除了门阀世袭的家老制度，增设执政、参政、公议人等官职，鼓励各藩统一机构，行政与家政分离等。此外，还倡导推行议事制度，在遴选人才的基础上统一藩制，试图将藩政纳入新政府的管理之下。

如此，藩政改革轰轰烈烈地拉开了序幕。这一改革虽然着眼不同、因地制宜，但总体来说进一步加强了中央政府的统治，甚至藩体制相对稳固的某些雄藩，也被新政府打入了强有力的楔子。政府藩政改革贯彻得最为彻底的是山口藩（因此藩的诸队叛乱被彻底镇压）。相反，旧藩势力残存最多的是鹿儿岛藩。而资产阶级倾向最为明显的当属继承横井小楠思想、掌握藩政实权的实学党所在的熊本藩。暂不论山口藩，以士族为中心的鹿儿岛藩和实学党把控的熊本藩走向完全相反的两个极端，它们对维新政府来说，逐渐成为非常棘手的存在。

而对于众多中小藩来说，财政崩盘，起义、打毁运动导致其脆弱性暴露无遗，因此他们不得不按照政府指示进行藩政改革。自此，藩权力被中央政府吸收、合并的基础急速形成。

**版籍奉还的"谋略"
与废藩置县**　　一八六九年（明治二年）六月十七日，轰轰烈烈的版籍奉还展开了。"版籍"指土地和人民，其实现的程序与之后的废藩置县全然不同。在这一过程中，一些受戊辰战争的深刻影响而打算破罐子破摔的藩受到遏制。一八六九年（明治二年）一月二十日，维新官僚让萨长土肥① 四藩王以联名的形式向朝廷递交版籍奉还的建议书。书中一方面强调王土王民，另一方面也指出"其应予者予之，其应夺者夺之"，暗示重新赋予各藩主领土。这是建议书的目的之一。目的之二在于让雄藩四藩王拿到版籍奉还的主导权，由此遏制住一些想要破罐子破摔的藩国的举动。目的之三是让版籍奉还的决定权置于"公论"之下。因此，建议书中指出，该建议书不应立即得到许可，而当开会决定。于是，各藩争先恐后地召开会议。公议所会议中，虽然赞成与反对票不分高下，但最终，维新官僚们想要的"谋略"获得了政治成效。二百七十四个藩主返还了总草高②

①即萨摩藩、长州藩、土佐藩、肥前藩。
②藩领内产出的大米总额。

一千九百零四万六千余石（现石高九百二十六万一千余石）的版籍，藩主们被重新任命为藩知事（赋予藩名时称某某藩知事），进行全面改革。虽然土地、人民的返还只是名义上的，但此后，被封为藩知事的旧藩主们彻底沦为政府统辖的一介地方官员。

一八七一年（明治四年）的废藩置县，与版籍奉还相比则截然不同。

政府对各藩军力设定规则，谋求兵力的固定化。但与此同时，一八七一年（明治四年）二月，又将鹿儿岛藩步兵四大队、炮兵四队，山口藩步兵三大队，高知藩步兵二大队及骑兵二小队、炮兵二队，共计约一万人设为亲兵，置于兵部省管辖之下。这一举措把萨长土三藩军力集中到中央，政府首次拥有了属于自己的军力，而且还吸收了作为"尾大之弊"的雄藩军力，正可谓"一石二鸟"。而就是这股军力，成为之后强行推行废藩置县的力量背景（也有意见认为这支亲兵并非为了废藩置县而设）。

废藩置县是年轻开明的维新官僚们〔山县有朋、鸟尾小弥太（兵学头）、野村靖（外务大记）、大隈重信〕，以所谓的"书生论"为契机，在木户孝允、西乡隆盛等人的赞成下强制推行的。此时的废藩乃天皇单方面下的命令。

对于为何如此着急实施废藩置县，目前有两种意见。一种认为是外部压力的影响，一种认为是国内矛盾的影响。

这里笔者总结并列出以下几个因素：

第一，各地农民起义、打毁运动高涨，暗杀高官、反政府运动不断，各种事件或发生连锁反应，或同时发生，使社会性、政治性危机进一步加深。

第二，如前所述，戊辰战争之后藩财政越发窘迫。

第三，如前所述，按照政府指示，藩政改革逐步展开。这意味着政府对各藩的统治得到强化，但其中也隐含着脱轨的风险。

第四，以上诸多矛盾加剧了政府的危机感，促使高层内部一致认为，在镇压反政府运动的同时，尽快废藩。

第五，政府对外具有唯一代表性，倘若留下藩国，会妨碍其对内统治，增加财政混乱。因此，为了填补对外代表问题和国内实际状况之间的鸿沟，同时维护财政稳定，政府痛感废藩之必要。可以说，维新官僚们把外压以及与外压相关的国内诸要素作为统一国家的撬杆，毅然开启了废藩置县的征程。

就这样，一八七一年（明治四年）七月，二百六十一个藩变身为县，除去琉球，再加上之前设置的若干县，全国成为一使三府三百零二县之布局。随后，当了藩知事的旧藩主们被免官，户籍移到东京，府县的长官由政府重新任命。当年十一月，全国进一步被统合为一使三府七十二县。

十二月，府县的序列确定，东京、京都、大阪三府，以及坐拥重要港口的神奈川、兵库、长崎、新潟四县地位上升。

废藩置县意味着日本初步成为统一国家，这与一八七一年德国以普鲁士为核心形成德意志帝国的时间重合，同时也与一八七〇年意大利基本统一的时间吻合。欧洲德国、意大利这样的后发近代国家与东亚的日本几乎在同一时间成为近代统一国家，这一点值得我们格外留意（参见序言）。

就这样，日本初步成为统一国家，此时距一八七九年（明治十二年）的"琉球处分"，即真正的统一还有一段时间。也就是说，日本的废藩置县——这项让中央政府触手伸及全国的措施，从一八六九年（明治二年）为管理北海道而设置开拓使，到一八七九年彻底控制冲绳，足足持续了十年。然而，虽然它统一了国家，却未创造出国民。维新官僚们将注意力放在能对峙万国的"国家"上，以致于无法顾及每一个国民的人权。而后者还要等到民众觉醒，主动发起自由民权运动方可说起。

县名的报复　　这里给大家介绍一则逸事。总览全国各县，你会发现有些县名与废藩置县前一致，有些则不然。

例如鹿儿岛、山口、高知、福冈、鸟取、广岛、冈山、秋田等作为县名得以保留，据说因为这些是勤王藩。佐贺开始改为伊万里县，后又复名佐贺县。而朝廷的敌对藩和见风使舵的藩则被剥夺县名，以当地郡名或山川命名。如松江藩（改名岛根县，出云国郡名）、高松藩（香川县，讃岐国郡名）、桑名藩（三重县，伊势国郡名）、高崎藩（群马县，上野国郡名）、仙台藩（宫城县，陆前国郡名）、熊本藩（白川县，肥后国川名，后改为熊本县）、宇和岛藩（神山县，伊予国山名，后改为爱媛县）、金泽藩（石川县，加贺国郡名）等。德川家族的名古屋藩（爱知县，尾张国郡名）、水户藩（茨城县，常陆国郡名）亦是如此。废藩置县后的数月内，合并改置后的县名曾一度使用朝廷敌对藩的名字，但一八七二年（明治五年）之后，可以断言"再无朝敌藩名之县名"（宫武外骨《府藩县制史》）。据说这项方案的提议者是任府县监督一职的大藏大辅井上馨（长州），大藏卿大久保利通（萨摩）对此表示了赞同。

维新政府以建立集权制的统一国家为基本方针，虽然府县名及边界划定涉及诸多要素，但从戊辰战争军功封赏典礼上厚待萨长等勤王藩、靖国神社（一八六九年创建的招魂社，于一八七九年改名）祭神中偏重"军官"等一系列表现来看，不得不说，历史的长河中唯有胜者方能笑到最后。

3. 幕末维新的庶民生活

"黑船"危机、　　　　　"黑船"的到来给人们带来巨大的震撼，

时代危机与普通庶民　　由此诞生了许多丰富多彩的绘画作品。

《幕末风俗图卷》（神户市立博物馆藏）、《黑船来航风俗绘卷》

（埼玉县立博物馆藏）描绘的正是一八五四年（安政元年）佩

里二度来航时的情景。其中展现出了两种极为鲜明的对比。

　　一幅是快马加鞭报告"黑船"来航的情景，名为《神奈

川宿边松平兵部大辅台场图》（见 88 页）。图中二马飞驰，骑

在马上的武士恨不得立刻将消息传达出去，一触即发的紧张

感跃然纸上。与之相对，坐在一旁休息的马夫却眺望着"黑船"，

气定神闲。武士的"动"与庶民的"静"呼应得恰到好处。

　　这幅绘卷还有拖着木屐、单手拿望远镜的男人，有领着

女人、嘴含烟管、身穿不带袴裙的和服，远远眺望着海上"黑

船"的男人（参见 89 页上图）。也有斜眼瞅瞅"勿要观摩黑船"

快马加鞭报告"黑船"来航的官员（神户市立博物馆藏，选自《幕末风俗图卷》）

的茶店标牌，踢倒绳子围成的栅栏，边谈笑风生边远望"黑船"之人（参见 89 页下图）。

这里展现出了区别于统治阶级——武士阶层，单纯对"黑船"充满好奇的普通庶民的形象。佩里曾在自己的日记中谈起日本人"令人惊异的好奇心"，而前文提到的菅野八郎也在佩里二度来航时，到神奈川目睹了"黑船"，留下记录：佩里初到时，江户"上下惊慌失措，呜呼，恐战争来矣，上下不得安宁"（《雨夜梦呭》）。由此可见"黑船"给普通庶民带来的震撼虽大，却与武士阶级受到的震动有质的区别。

一八六四年（元治元年）八月，英法荷美四国联合舰队进攻下关（马关）时，骑兵队等顽强抵抗，普通老百姓却战争一打响就逃进了深山老林。据法国海军士官阿尔佛雷德·鲁桑记录，战争一结束，百姓便帮联合军把青铜大炮从缴获的

旁观"黑船"的老百姓（埼玉县立博物馆藏，选自《黑船来航风俗绘卷》）

炮台上撤下来，声称"厌恶战争"。说起来，巴黎荣军院内博物馆进门右侧的地方放着十门大炮，其中最外边的便是当时获得的战利品——两具长州军大炮的炮身。

如此看来，当时的普通民众虽然对幕末时期的政治事件抱有好奇，但总体上与之保持着一定的距离。可以说这也是他们守护自己生活的一种智慧。

然而，如果连这些民众都被卷入，那么它就发酵成了时代的危机；当时代的危机意识充满整个社会，就会激起人民的反抗。"纠正世道"起义、"这不挺好嘛"正是其表现形式。如此一来，政治和社会就会发生颠覆性剧变。

**范·布伦描绘的
庶民生活**

正是由于普通民众的日常生活状态过于平常，所以不易留下相应的记录。但对于初来乍到的外国人来说，民众生活是如此新鲜奇特，反而更容易留下记录。事实上，从包括雇员在内的众多外国人的记录中，我们能观察到当时人们日常生活的种种细节。

这里我们看一下横滨发行的《日本生活报道者》一八八一年（明治十四年）二月连载、由托马斯·彼·范·布伦执笔的文章《日本的劳动》（西田长寿译）。范·布伦当时任美国驻横滨总领事。

基于一八七五年（明治八年）的数据，范·布伦就日本人口结构画出如下表格，同时对日本社会进行了总结：

表：一八七五年（明治八年）的日本人口结构

士族以上	1894,784 人	
平民	31,405,891 人	
总计	33,300,675 人	
详细数据		
男	16,891,729 人	
女	16,408,946 人	
农民（男）	8,004,014 人	14,870,426 人
农民（女）	6,866,412 人	
工匠、工人（男）	521,295 人	701,416 人 *
工匠、工人（女）	189,121 人	
商人（男）	819,782 人	1,309,191 人
商人（女）	489,409 人	
其他（男）	1,218,266 人	2,129,522 人
其他（女）	911,256 人	
总生产人口		19,010,555 人
14 岁以下人口		9,036,309 人

托马斯·彼·范·布伦《日本的劳动》（西田长寿译）
* 总数有出入，但这里保留原数据

该国社会与其他国家类似，原本都是家族制社会。家长对家族成员拥有绝对支配权。孩子的一生都由父亲设计、塑造、支配。结婚亦全然由父亲决定。子女无论多大，未经父母同意，都不得离家独立。在底层社会，父母或让女儿做妾、艺伎，或出于某种不道德目的，将女儿卖掉，命女儿外出劳动以抵债。

此外，他还在文章中写道：

女儿离开娘家嫁作他人妻时，过去所有对父母的义务自然转为对丈夫及公婆的义务。有时亦会被休，与子女两地分离。

虽说这些家长权力大部分已被废除，但其影响仍然巨大，西方无法与之匹敌。

可见，家父长制社会在维新之后仍然根深蒂固。不如说，幕藩社会下，武士推崇的家父长制伦理，随着等级社会的解体，反而一步步走入了一般家庭。

收入、衣食住行与娱乐

据记载，一个熟练的农民，每年的工钱包伙食约三十五日元，不包伙食约五十日元，日平均补贴额为，包伙食十二至二十钱。女性更为廉价，年收入包伙食约八至十日元，不包伙食约二十五至三十日元，日平均补贴额有十至十五钱。

农民们夏天几乎赤身裸体，冬天则裹一两件木棉做成的和服，他们脚踩秸秆制成的凉拖（草履）或木屐，一年用于穿着的花销不到四至五日元。

农民的伙食如何呢？

农民的食物几乎都是蔬菜类，即米、大麦、小麦、黍、豆类、蔓菁、芋头、葱、胡萝卜等。有些地方，由于米价太高，往往只吃大麦、蔓菁、黍，或再加上一两种菜。虽然偶尔也能吃到鸡蛋、鸡肉或是廉价鱼肉，但总体来说他们是菜食主义者。出于宗教、风俗、偏见和价格原因，他们禁止食用兽肉。

对农民来说，西服和大米是颇为遥远的存在。进一步来讲，它们真正进入乡村民众的生活，是很久很久以后的事了。而促使它们普及的是征兵制下的军队。在军队生活中习惯了穿军服、吃大米的士兵们回乡后，也将这些习惯带回地方农村。

让我们回到范·布伦的记录。

住宅（各地颇有差异，但据范·布伦所述，"平均一户人家住五人以下"）几乎都是平房，与欧洲建筑相比，平房体积小巧玲珑，农家房间最多不过四间。"一个房间兼用作客厅、餐厅、卧室，另外还有个小厨房和浴室，大抵如此。"房屋内铺着干净柔软的垫子，即榻榻米，无须穿鞋。吃饭时，使用高约一英尺（约三十厘米）的小桌子，全家席地而坐。餐毕后收起小桌子，房间成为客厅，榻榻米充当椅子。"入夜后，从收纳柜里拿出棉被，铺于垫子上，一瞬间客厅变为卧室。"他如是惊叹道。

这种将多种功能集中于一个房间的做法令外国人十分惊奇。据范·布伦说，这个三个房间的屋子，仅用二十五至一百日元就可建成，榻榻米、拉门隔扇等花费甚至不足五十日元。此外，他还指出，家里十分干净，故不用穿鞋，人人几乎每日泡澡，住宅虽廉价小巧，却十分舒适。"在公共澡堂，四处可见男人女人裸体混浴，但几乎无人说无礼、下流之语，亦不见猥琐之行。"虽说城市与农村颇有差别，但以上这些叙述总体上向我们展示了幕末维新时期大众生活的基本状态。

有关民众的娱乐生活，范·布伦道，"仲秋满月之日，全

村出动，观看相扑、赛马、剑术"，"戏剧盛行，流动剧团走
访于村落之间，用竹子和筵席搭建临时大棚，一次公演一周。
届时劳动阶级身穿自己最为华贵的和服，蜂拥而至，尽情欣赏。
傍晚时分，男人们走向茶屋，或是畅饮米酒，或是纵情高歌，
或是下注赌博。女人们则聚集于附近房间或澡堂，谈笑风生。
男人们常下将棋，女人们则下一种简化了的将棋，孩子们或
是玩羽毛毽，或是放风筝"。

　　放风筝是孩子们非常热衷的游戏。长谷川如是闲（明治
至昭和时期的记者、思想家）的哥哥山本笑月在整理了自身
见闻的《明治世相百话》（中央文库，一九八三年）中写道：
"所有孩子都沉迷于放风筝，市内也有很多风筝店，一个围着
一字巾的章鱼招牌映入眼帘。"他列举了形象设计的武家奴仆、
蝙蝠、剑等，以及带有字（龙、鹰、鱼、兰）、画（达摩、二
见浦、日出、鹤等）等各式各样的风筝。

　　范·布伦还谈到了民众的旅行。"农闲时期，或二十人，
或三十人，相邀好友邻人，为参谒山中名刹神社，徒步行走约
一百五十英里（约二百四十千米）、二百英里（约三百二十千米）
亦不在话下。他们边聊边唱悠然行进。即便是白昼，只要困
乏了就在树荫下打盹儿、吃饭、饮茶。他们是幸福的。"这一
段描写，向我们展示出参谒之旅对普通民众的生活来说，是

多么重要的精神放松和肉体放松的形式。同时，在这一过程中，他们目睹了各种各样的产业以及迥异的生活习惯，视野得到了极大的开阔。

**文明开化的浪潮
与影响**

斩切发，指的是明治初年男人间流行的一种西式发型，最早见于幕末时期，被认为是文明开化的象征。一八七一年（明治四年）八月，政府一出台散发脱刀令，断发就成了文明开化的标志。据《明治世相百话》记载，山本笑月的父亲也是个性急之人，"明治五年断发，梳着斩切发，打着彼时流行的蝙蝠伞①，手持灯具，却不料回家途中人们皆以为奇，跟随至家，对此他总是困扰不已"。

有关文明开化，《文明开化》（加藤佑一，一八七三年～一八七四年）、《开化的入口》（横河秋涛，同上）、《开化问答》（小川为治，一八七四年～一八七五年）、《旧习一新》（增山守正，一八七五年）、《文明田舍问答》（松川敏足，一八七八年）等书籍相继问世。这固然是宣扬文明开化的一种形式，但另一方面，它也表达了民众的各种困惑与反抗。

①西洋伞，因撑开时宛如飞翔的蝙蝠，故称蝙蝠伞。

例如《开化问答》中的出场人物有鼓吹文明开化的开次郎和顽固守旧的代表人物旧平，而旧平言辞之间，流露出民众对文明开化政策的嘲讽，对政治展开了激烈的批判。

即便如此，木户孝允所谓的"日本桥周边的文明开化"还是逐渐渗透到了地方民众中。与此同时，地方报刊发行量亦迅猛增长。事实上，这一渗透到地方的文明开化还发挥着普及自由民权运动的作用。它超越了政府文明开化政策的本意，改变着民众的生活，同时也促进了人民自由和民权意识的觉醒。

第四章　岩仓使节团与世界

岩仓使节团的领导们。中央梳发髻、着和服者为特命全权大使岩仓
具视。其余四人由左向右分别为木户孝允、山口尚芳、伊藤博文、
大久保利通（藏于津田塾大学）

《岩仓大使派遣欧美图》，山口篷春绘

1. 所谓岩仓使节团

岩仓使节团及其特征　众所周知，山口篷春有一幅画作叫《岩仓大使派遣欧美图》，相信不少人在教科书上也见过。

它描绘的是一八七一年（明治四年）十一月十二日上午横滨港的景象。吐着黑烟的小蒸汽船朝着近海处的美国太平洋公司"美国号"明轮船①驶去。船上站着岩仓具视特命全权大使（右大臣，公家出身，四十七岁），两侧分别是副使木户孝允（参议，长州，三十九岁）、大久保利通〔大藏卿（长官），萨摩，四十二岁〕。码头上，众多或穿和服或穿洋服的来自海内外的达官显贵交错而立，目送着小蒸汽船离去，我们甚至能从其中看到衣着华贵的妇女的身影。

---

①指旧式的轮船，船尾装着水车式的船桨动力装置，靠蒸汽动力推动船桨。现在仍能见到。

这一天晴空万里，寒气也似乎不像往日那般逼人。载着使节一行人的小蒸汽船驶离港口，十九发礼炮响彻天际。随后，为恭送暂时回国而与大使等人同行的美国公使德朗，十五发礼炮再次升空。正午，"美国号"收锚。

岩仓使节团出发了。这个使团里还有两位副使——伊藤博文（工部大辅，长州，三十一岁）和山口尚芳（外务少辅，肥前），以及书记官、各省派遣理事官和八名随行人员。出发时，使团一共四十六人。如果再加上大使、副使的十八名随行人员，津田梅（八岁，后改名梅子）等五名女生在内的四十三名留学生（其中还有去法国的中江兆民），就形成了一支多达一百零七人的庞大队伍。

岩仓使节团的特点是：第一，大使、副使均为明治政府内的实力派人士。尤其是大久保和木户，更属代表萨摩藩的实力派中的实力派。而理事官都是唯大使、副使马首是瞻之人，或是从各省选派的技术官僚。也就是说，使团领导是以岩仓为首、以萨长实力派为中心、藩阀色彩浓厚的成员队伍，在此基础上，技术官僚们又加入其中，组成了使团的整体阵容。

第二，书记官中旧幕臣居多。一等书记官到四等书记官共有十人，其中旧幕臣多达七人。此外，理事官的随行人员中旧幕臣也有六人。他们是幕末时期的留学生，是曾踏上外

围绕着德隆联合国公使夫人的五名女留学生。从左开始为
山川捨松，吉益亮子，津田梅子，德隆美国公使夫人，上
田悌子，永井繁子（津田塾大学藏）

国土地的过来人，同时也是吸收了洋学、精通外语的人才。
这些书记官承担着传播海外经验和知识的职能。

第三，风华正茂。四十六人中除两人年龄不详，其余成
员的平均年龄只有三十二岁，使团二十岁到三十多岁居多。
这种年轻化阵容是变革期的一大特征，也是面对欧美这一未
知世界时，日本有可能从传统社会中脱离出来的灵活要素
之一。

然而，这些因素也让使团内部产生微妙的摩擦。身为外
国通的书记官们一旦离开日本，便仿佛到了属于自己的地盘，
在渡美的船中开始一路愚弄对外国一头雾水的首脑、理事官

和随行人员。理事官佐佐木高行（司法大辅，土佐，四十二岁）曾在日记中写道："书记官中旧幕臣居多，他们趁机向使节、理事官们报维新时的一箭之仇。可笑可笑。"又道："这也是无可奈何之事。一旦出国，怎样的英雄豪杰都只能望洋兴叹。"

到这里，让我们稍稍快进一下。一八七二年一月二十三日（明治四年十二月十四日），使团抵达旧金山一周后，晚上八点，在一行人下榻的五层建筑大饭店内，举行了盛大的欢迎宴。以加利福尼亚州州长、市长、海陆军兵将为代表，加上行政官员和市民，参加这场宴会的共计三百人。会场中，窗户上花团锦簇，乐队吹竹调丝。极致精美的佳肴摆于桌上，起身致辞的官员多达十五人。

目睹此情此景，木户想起书记官们对理事官等人的愚弄之态，便写下一封书信，大意如下："等日本开化之际，它是否会像如今我等在美国被款待、被指引一样，去款待、指引因仰慕之心而身赴日本的亚洲各国使节呢？恐怕答案是否定的吧。自不必说对普通民众的态度了。"初到美国便心生如此感想的木户可谓眼光敏锐。基于这种敏锐的感觉，木户指出"日本人和美国人本无二致，唯有必要展开真正意义上的育人教育"，并强调"问题的关键在于学还是不学"。正因如此，他命令理事官田中不二麿对教育展开了详细的调查。

使团的目的与《美欧回览实记》　那么，岩仓使节团究竟为何带着如此庞大的队伍远赴欧美呢？

一八七二年七月一日，即明治五年五月二十六日，这一天是幕末以来日本和各国签订条约之后，开启条约修订谈判的期限。因此，使团此次的目的在于：第一，访问各条约缔结国，向元首捧呈天皇国书，以彰显新政府之礼节。第二，进行条约修订的预备谈判。第三，调查和研究外国科学、艺术、制度、法律等，以及探讨今后日本想要建立的近代国家制度。

有关此次访问，在之前的教科书里仅有一句记载："使团为条约修订的谈判而去，以失败告终。"不过现行教科书中，一定会提及上文中第三个目的。鉴于条约修订的准备工作还未就绪，毋宁说使团此行的最大目的反而是第三条。也就是说，在幕藩体制下的"德川国家"倒台后，如何去建立近代统一国家（近代天皇制国家），以及为此日本应该从欧美先进国家寻求哪种制度范式，这一千钧重担压到了使团的身上。

此次访问一开始就与条约的修订有着千丝万缕的联系。如果要修订条约，就必须依照当时的国际公法（国际法）《万国公法》，而要依据《万国公法》，就得改变与之抵触的国内法。它会促进国内体制的调整，进而引发一场制度变革。此时一个可供参考的近代国家体制模型，就是制度变革的前提。

久米邦武编修《特命全权大使美欧回览实记》，一八七八年（明治十一年）出版（久米美术馆藏）

因此，使团一开始就打算把欧美发达国家的制度、机构、财政、经济、产业、军事、社会、教育、文化等全面吸收。关于这一点，看看使团的报告《美欧回览实记》〔久米邦武（使团的大使随行、权少外史，肥前，三十三岁，后成为历史学家）编修，共百卷，五编五册。一八七八年（明治十一年）出版。岩波文库本五册〕就可知晓。这本《美欧回览实记》以文言体书写，多彩的汉字与片假名交相点缀，是汉学者久米邦武以理事官报告等资料为参考，倾注全部心血的集大成之作。初读时可能略有吃力，但其立意高深、富有见地，随着阅读的深入，便会渐入佳境。在此向各位读者力荐。

岩仓使节团在制定访问欧美的具体计划时，一位外国顾问写的《简要草案》曾给予他们极大的启示。这位外国顾问是荷兰裔美国人，叫佛洛贝奇，他的计划书简洁而富于启发。

2. 使团是如何看世界的

<table>
<tr><td>

**"冉冉升起的旭日"
与条约谈判的失败**

</td><td>

岩仓使节团首先沿着太平洋航线抵达美国。正如前文所言，在旧金山金碧辉煌的大饭店，一行人受到了热烈的欢迎。

</td></tr>
</table>

副使伊藤博文在这里做了英文演讲。他骄傲地介绍道：如今日本"未发一颗子弹，未流一滴鲜血"，便从封建社会过渡为近代国家（指一八七一年七月的废藩置县），"试想世界上有哪个国家能不经历战争而打破封建制度呢？"随后，他提及太阳旗，解释道，"日章旗"，是"冉冉升起的旭日"。在这之前，外国人一直认为那是白色的方形信封上用红蜡打了封口，视之为日本闭关锁国的象征而加以嘲笑。

当时，就连日本国内的人也对"日之丸"的含义摸不着头脑，在节庆日发出了"我们为何要挂一面宣传火球的旗子"的疑问。把"日之丸"比作冉冉上升的旭日，在国际舞台上将之宣扬为即将腾飞的日本的象征，与其说是伊藤个人的心气与自负，倒不如说是整个使团的国家使命感，抑或是建国时的爱国主义情怀所致。

然而，在第一站受到的热情欢迎，成为使团做出误判的一大因素，他们不禁开始幻想能通过谈判促成条约的修订。在华盛顿，国务卿菲什提出签订新条约，但使团并未携带签约所必需的全权委任书。无奈之下副使大久保、伊藤等人又折返日本，向政府提出申请。而对于是否予以发放，政府内部进行了耗时两个月的讨论。往返华盛顿又要两个月，等他们重返时已是四个月后。大久保、伊藤等人一大早就抵达华盛顿，马不停蹄地和岩仓、木户等人商讨。然而，下午修订谈判却被叫停。这是因为他们发现幕末所缔结的条约属于片面最惠国条款，和不同国家分别签订只会损害日本自己的利益。由此亦可看出使团在国际知识方面的欠缺。在之后对各国的访问中，他们再也没有主动提起条约方面的事情。

从大国中找寻智慧

然而，使团对各国的观察可谓敏锐。

在美国，他们发现了作为美国大开发背景的"自主精神"，并进一步追踪到"自主民"，认为这种独立自主的民众精神得益于大众教育和新教的影响。换句话

108

说，他们敏锐地嗅出了后来马克斯·韦伯所写的那篇著名论文——《新教伦理与资本主义精神》（一九〇四年～一九〇五年）之精髓。

当到了英国，他们发现这个国家虽然和日本一样是岛国，却同时也是工业和贸易大国。因此，使团报告《美欧回览实记》中的英国篇（第二编、二十卷），成为日本人对这一工业革命发祥地进行考察的开山之作，而在该报告中，他们也清楚地意识到英国之所以富甲一方的原因。

使团认为日本与这些国家差距巨大，大约有三十年的落差。虽然如此，比起实行共和制的美国，旨在建立近代天皇制国家的首脑们对实行君主制的英国更为关切。尤其是大久保，在归国后起草的《宪法制定意见》中，认为应以英国君主制为底本，在此基础上进一步加以取舍（参见第118页）。

在法国，他们确认巴黎是"文明之中枢"，如果说伦敦是"世界天然产品的市场"，那么巴黎便是"世界工业产品的市场"。与此同时，他们了解到法国政治变动之剧烈，切身感受到文明国家内部的阶级矛盾。一行人进入巴黎时，正值巴黎公社（一八七一年三月十八日起共持续七十二天，系选举产生的工人革命自治政府）倒台后一年半，在政府与公社的交火中遭炮弹击中的凯旋门正在修复。在一行人看来，比起普法战争中普鲁士的袭击，巴黎公社带来的灾难更为惨烈。正因为如此，使团对采取强硬镇压措施的总统路易·阿道夫·梯也尔大为赞赏。同时，他们认为法国虽说是一个发达国家，内部却矛盾重重，尤其是中产以下的人民，成为公社建立、矛盾产生的源头。

进入俄罗斯首都圣彼得堡时，使团发现该国的贵族专制程度超乎想象，由此对其国力的发展产生疑问。他们反省了那时为止对俄罗斯抱有的过度恐惧（这一恐惧感甚至超过对待英法），深感排除先入为主的观念，以清醒的头脑去看待历史的必要性。

在奥地利，使团目睹了其封建贵族制遗风，回想起日本明治之前的情景。该地当时正在召开世界博览会。一行人发现，在展品的背后，是"和平战争"，即资本主义自由竞争。而且，各国展品的良莠与文明程度、人民民主与自由程度紧密相关，与国之大小无关。所谓"于国民自主之生理，大不足畏，小不应侮"，"国民的自主精神是近代国家生存的基本原理，倘若自主精神横溢，小国亦无须畏惧大国，相反，不能因其是小国而轻视之"。

柏林是成立伊始的德意志帝国首都，在这里，使团会见了俾斯麦和毛奇。俾斯麦在为一行人接风洗尘的宴会上讲述了欧洲弱肉强食的政治生态，并强调在以《万国公法》为尊的国际社会中，大国国力即军事实力是何等的重要。虽然使团自幕末以来对此深有体会，但亲自从俾斯麦口中听到，还是"感慨万千"。

以上国家，均为当时的世界大国。

对小国报以关切 与之相对，还有一些小国如比利时、荷兰、萨克森、瑞士、丹麦等，使团也予以关注。

对于这些小国，使团进行了细致入微的考察。《美欧回览实记》全一百卷中，美英各二十卷，德国十卷，法国九卷，俄罗斯五卷，意大利六卷。与之相比，身为小国的比利时、荷兰、瑞士各三卷，丹麦一卷，萨克森占一卷中一部分，共计十卷多。考虑到当时前往各国的留学生数量，可以说这一卷数分配与当时日本对各国的关心程度成正比。如此看来，除去美英两国独占鳌头，小国所占总卷数几乎与德国相等，甚至超过了法国的卷数；如果把位于北欧的瑞典也算入小国，则共计超过了十二卷。可见一行人对小国的关注与德国相当甚至在其之上。

使团尤其关注的是，在十九世纪后半期的欧洲政治中，这些小国如何保持独立，又如何维持了中立。例如，比利时和荷兰虽然土壤贫瘠、湿地众多，但由于人民的努力，得以在大国的夹缝中保持自主。不仅如此，其综合生产力远超大国，甚至给整个欧洲和世界贸易带来影响。报告中强调："他们之所以有如此大的能量，是因为人民勤勉、相互鼓励、团结一致、众志成城。这些国家给我们带来的启发甚至超过了美、英、法三个大国。"

报告强调的是，身在大国之间的小国要想保持独立，就要贯彻自主权利，要通过人民协作、共同奋斗，提高国民总生产力。使团认为国之大小、政治体制的问题自不必说，还应关注国民自主、自由的精神。拿瑞士来说，该国之所以可以保持独立、中立，是由于拥有自由之权利、不干涉他国、防他国之干涉的三大要素。为此报告强调，要实现自保，就需要国民气力旺盛、士兵精良强健——这里指的是瑞士民兵制下的自卫体制，他们从中看到了培养自主力量、进行爱国教育的重要性。

综上可知，岩仓使节团通过考察这些大大小小的欧美国家，从各种各样的角度探讨了日本走向近代国家时需要做出的选择。

近代天皇制这一框架本身已是明治政府的既定方针。然而从什么样的方向和内涵去建立它，是选择大国路线还是小国路线，仍然未知。在《美欧回览实记》中，使团并未给出一个明确的结论。

使团的亚洲观　此外，决定之后日本走向的，还有使团归国路经亚洲时，对亚洲尤其是东南亚的看法。在斯里兰卡、马六甲海峡、新加坡、西贡（胡志明市）、香港、上海这条归国航线上，一行人发现东南亚是一块资源丰富、衣食充足、自然丰熟的沃土。因为衣食无忧，当地人民慵懒散漫、不思进取。而不思进取的国家不可能诞生文明，这是使团环游欧美后确立的文明观。因此，他们认为东南亚处在文明的对立面，包括日本在内的东亚国家，可以通过学习欧美来实现文明化。

这里要强调一点，岩仓使节团参观欧美国家时，在建立近代天皇制这一框架内，曾有学习小国、学习大国两种选择。然而，这两个选择都是"未发的可能性"，而在这两种"未发的可能性"中，究竟哪个选择会变为现实的政治路线，还要观察使团归国后展开的一系列政治行动。

3. 大久保政权

征韩论问题与非征韩派

一八七三年（明治六年）九月十三日，岩仓使节团归国。翌日，当岩仓具视去太政官正院（政府决策的最高机关，一八七一年七月与左、右院一同设立）复命时，摆在他眼前的是所谓的"征韩问题"。

回想起来，江户时期的日本，曾对朝鲜文化与学问充满敬畏，但不可否认，植根于建国神话和各种传说的日本同时对朝鲜也抱有一种优越感。尤其幕末之后，这种优越感在国学者们的煽动下愈发高涨，"征韩论"就在这样的背景下应运而生。

此外，随着外部压力一步步变为现实，有人提出了东亚联合论（"合纵连横论"），主张同样位于东亚、拥有相同风土和历史的日本、朝鲜、中国，要联合起来、众志成城，共同对抗欧美列强。这与征韩论实际上是表里一体的关系。

幕末的攘夷论与对朝鲜的优越感结合起来，使舆论主流从联合论倒向征韩论。在此背景下，为了尽快建立统一国家、"对峙万国"，以木户孝允为首的维新政权领导人强调，日本与朝鲜如唇齿般关系密切。他们坚称，朝鲜才是"皇国之御国体"建立的基础，是"万国经略进取"之根本。这一朝鲜观一直贯彻到后来。

基于此，维新政府给朝鲜发了封国书，欲同朝鲜恢复邦交，但朝鲜一方却一反常态，拒收了国书，这成为征韩论的导火索。以西乡隆盛为首，板垣退助、江藤新平、副岛种臣、后藤象二郎等参议纷纷向太政大臣三条实美施压，迫其向朝鲜派遣使节。西乡更是提出亲自上阵，如果使节被"残忍杀害"，就有了出兵的借口，这样一来，那些对征兵制、地租调整、家禄制度改革心怀不满的士族阶层亦有了活路（也有意见认为，身为征韩强硬派的西乡并非期望立即征韩，而是希望最终通过实现邦交来修复）。

用教科书中的话来说，留守政府倡导征韩论，而外出归国的岩仓使节团成员表示反对，由此，围绕征韩论政府内部产生分裂，直接导致了明治六年十月政变的发生。

使团即海外考察派虽然对此次征韩论提出了反对，然而一八七四年（明治七年），大久保等人却强行出兵台湾（不顾木户的反对），到一八七五年又策划了江华岛事件（参见159页），此时木户却态度骤变，主张对朝鲜实施积极的强硬政策。

既然如此，他们当初又为何反对征韩呢？

因为见识到大世面的使团派强烈意识到，国内的整顿才是燃眉之急，即"内治优先"。然而，在使团外出期间，国内政治的主导权渐渐落入肥前、土佐派手中。除去西乡（萨）、板垣（土）、大隈重信（肥）等人，江藤（肥）、大木乔任（肥）、后藤（土）亦成为参议，肥前、土佐派一跃成为多数派。其中，江藤手握司法权，陆续揭发了长州系山县有朋、井上馨等人的贪腐案件（山城屋和助事件、尾去泽铜山事件等）。倘若此时使团派赞成征韩论，不光是内政，就连外交上的主动权也将落入留守政府手中。要知道，在使团出发前，留守政府曾承诺十二条原则，保证不变更人事，不实施新政策，如今却出尔反尔，信誉全无。

大久保与木户虽然在环游欧美时略生嫌隙，但面对此情此景，共同的环游经历让二人产生了一种爱国主义认同感，在反对征韩的问题上达成了一致。当然，木户在揭发长州系贪腐案中也发挥了巨大的作用。

明治六年十月政变与大久保政权

十月十日之后，以肥前、土佐为中心的留守政府派（征韩派）和以萨长为中心的使团派（比起反征韩派，将其称为非征韩派更为妥当）之间，展开了为期两周的激烈角逐，最终征韩派败阵，西乡、板垣、江藤等参议悉数下野。这一发生于明治六年十月的政变让国内政局乾坤扭转，征韩派中的大隈与大木则投靠萨长，实现留任。

明治六年十月政变之后的政府阵容如下：大久保（萨）、木户（长）、伊藤（长）、大隈（肥）、大木（肥）、寺岛宗则（萨）、胜安房（自称安芳、号海舟，幕臣），即萨、长、肥各二人，幕臣一人。如果算上各省长官、次官级别①的官员，则萨长各五人，肥二人，幕臣一人。由于肥前二人为投靠了萨长的大隈与大木，整个政府事实上已被萨长派占领。可以说，政变之后的政权是以使团派为轴心的新萨长派政权。

新萨长派一获得主导权，大久保就在当年十一月设立内务省，成为内务卿。此后一直到一八七八年（明治十一年）被暗杀之前，政府的实权都在大久保手中，因此也被称作大久保政权。

①相当于部长、副部长级别。

117

大久保政权建立的前提是岩仓使节团的欧美环游。由于近距离接触了欧美大大小小的国家，如何建立近代天皇制国家，就成为政府需要解决的课题。

一八七三年（明治六年）七月，刚刚归国的木户向政府提交了一份《宪法制定建言书》（由长州出身的青木周藏在留学德国期间起草），该宪法是以普鲁士宪法为模板的"同治宪法"。所谓"同治"即"君民同治"，"同治宪法"即君主和人民协议下的君主立宪制宪法。

大久保亦于同年十一月，递交了一份《立宪政体意见书》。他将"民主政治"与"君主政治"区别开来，在援引各国例证，考察优劣长短的基础上，以欧洲"岛国"英国为范本，提出"君民共治"之制。这里请记住一点，木户以普鲁士宪法为模板，而常常被人们与俾斯麦相提并论的大久保却选择了英国的君主制。

后进国日本对近代天皇制的探索

上述两人都在认清十九世纪七十年代世界局势的前提下，对后进国日本近代天皇制的建立做出探索。因此，基于彼时日本民智未开的国情，木户认为应依靠天皇的"英明决断"，建立"独裁宪法"（这里的独裁指宪法建立手续的独裁），使其成为他日"同治宪法之根种"，"人民幸福之基石"。而大久保亦提出，应在民主与专制政体间寻求折中，由此建立以天皇为中心的"独立不羁之权"。

不论是木户还是大久保，虽嘴上说"君民同治""君民共治"，实际则支持天皇集权制。借伊藤博文的话来说，是"渐进主义的立宪政治论"，所谓"定君权而限民权"。因此对于后来民选议院的设立问题，木户和大久保都声称为时尚早，主张设置官选议会，以积累经验。

换句话说，木户和大久保认为，现实中的近代国家就是欧美，因此，为了让日本在可预期的将来实现近代化，就需要将权力集中于天皇，建立一个天皇集权下的近代国家，这便是他们立宪方案的目标。而这一想法的产生，正如之前反复强调的，是基于他们在欧美的见闻与体验，以及对日本民智未开这一现状的深刻认识。因此，他们将当前的重点放在尽早实现天皇（太政官）集权，而这进一步决定了明治政府路线的方向。

在这一目标的指导下，大久保政权施行了诸多政策。

三省体制与藩阀的流动化

大久保以内务省为核心，以工部省（伊藤博文作工部卿）和大藏省（大隈重信任大藏卿）为两翼，稳固了政权。这就是所谓的三省体制。细数一八七七年（明治十年）三省判任官（行政官员）级别以上的人员，供职于三省的人数超过中央政府总数的百分之五十。领导与高级官员（敕任官、奏任官）中，有留洋经验者居多，且领导层被萨（大久保为首脑）、长（伊藤为首脑）、肥（大隈为首脑）把持。这体现了以内务省为中心的三省体制在政府位置中的重要性，同时也成为决定政府的藩阀性质的一大因素。

另外说一下，一八七七年萨、长、肥出身的幕僚在敕任官和奏任官中，分别把控的具体官职为：萨摩藩把持内务省、海军省、开拓使，长州藩把持太政官、陆军省、工部省、宫内省，肥前藩把持外务省、大藏省、文部省、司法省（土佐藩只有元老院）。很久之后，"长之陆军、萨之海军"之说之所以广为流传，正源于此时被称作藩阀政权、系"有司专制"之政府的大久保政权。

然而，这里所说的藩阀，并非维新初期根据出身藩而区分的乡党阀派。由各藩所结成的乡党集团在萨长土肥之间是流动的。虽然在建立初期，为了巩固自身权力，各派曾在乡党意识的驱使下结成朋党，但随着官僚机构逐步完善，萨长土肥内部开始流动，各机构中以实权派为中心的派阀体系逐渐突出。例如，曾经是木户派的伊藤（长）转投大久保（萨），肥前的大隈亦与大久保联手。不过，虽说藩阀具有流动性，但一旦走出这个圈阵，便化作纪州和歌山藩陆奥宗光的一句感叹："非萨长者即非人也"。藩阀中，由于自由民权运动的影响，土佐（高知）藩备受冷落。

有一点要补充的是，大久保政权的裙裾下还有一撮旧幕臣阶层的存在。据推测，一八七七年（明治十年），旧幕臣约占政府行政官员的三成。政府领导层中的胜海舟是其代表。旧幕臣们通过学习洋学，掌握了大量的科学技术，擅长实务，军事官员亦是如此。因此，大久保政权虽然有浓厚的藩阀色彩，但事实上整个机构的运转依赖于中下层的实务、技术官员，而这些官员则多来源于旧幕臣阶层。因此，我们绝不能忽略岩仓使节团中旧幕臣出身的书记官、技术官员的存在。

总之，大久保政权一方面带有藩阀色彩，另一方面又内含旧幕臣势力，二者纠结缠绕，与逐渐形成的官僚机构结合起来，成为该政权的独特气质。

进一步来说，维新变革显示了其否定幕府（将军）政权、支持天皇政府的决心。尽管如此，体制内部却依然留存着浓重的旧幕臣的影子，透露出其与幕府连续性的一面。因此，我们可以将维新变革看作是"非连续的连续"。

大久保政权与三大改革

大久保政权的政策以内务省为中心，全面铺展开来。该省的权限为，依靠殖产兴业，发展和保护日本资本主义，建立警察制度，指导府县（地方）行政等，其触手甚至伸向报纸、杂志的发行权限。

从大久保的《殖产兴业建议书》中，我们仍然能看到英国的影子。英国这一"区区小国"缘何能变身为一大富国？通过亲身见闻，大久保认为，这得益于工业贸易的振兴。

然而，大久保也知道，日本与英国差距甚大，亚洲与欧洲的实际状况亦有不同，这一点必须认识清楚。在此基础上，他指出日本人民"气性薄弱"，即气力匮乏，因此明确提出执政者的义务是去"引导"这些"薄弱"的人民，自上而下去培养、保护他们。这种"自上而下"的思维方式成为大久保政权，甚至此后历届明治政府的基本政策出发点。

而在教育方面，留守政府出台了《学制令》〔《关于鼓励学事之被仰出书》，一八七二年（明治五年）八月〕，模仿欧美设计了大中小学区和学校制度，然而这一纸上谈兵的设想一遇到现实，就被泼了一盆冷水。法令规定学校的修建、维护费用都由民众负担（一八七三年文部省的补贴金额约占百分之十三，此后降到百分之十以下），学费一个月高达二十五

《明治大正昭和大绘卷》，石井滴水绘

钱至五十钱，引发民众强烈不满。因此，此时民众运动的攻击目标变成学校。事实上，实际征收的学费在各地方和学校虽略有差异，但也不过一钱到二钱。足可见其与规定之间的落差之大。

一八七四年（明治七年）到一八八〇年间，岩仓使节团理事官田中不二麿曾担任文部大辅（有一段时间木户出任文部卿），他废除了学制的一刀切，于一八七九年（明治十二年）九月颁布了因地制宜的《教育令》（《自由教育令》）。

然而，同为使团成员的伊藤博文后对此进行了修改，将教育收归中央统一管理，这便是翌年末的《修订教育令》。它成为明治十四年政变后岩仓／伊藤政治路线的前奏。

大久保政权之后的政策多吸收使团参观欧美的成果，在改变留守政府政策的同时，使团内部成员又对既出的政策作了修订。

征兵制也在留守政府时期着手展开。一八七二年（明治五年）十一月二十八日，政府发出全国征兵的诏示，紧接着翌年一月十日，下达了《征兵令》（在此期间使用新历，阴历明治五年十二月三日为阳历明治六年一月一日）。该令规定满二十岁的男子须服役三年作为新的军事力量。对此，民众一方面发起反对征兵的起义（血税起义①），另一方面钻各种免役规定的空子，进行了持续性的抵抗。"全民皆兵"沦为一纸空文。对此，陆军卿山县有朋通过行政解释和修改征兵令与之抗衡，防止人民逃役。

地租修订法（由上谕、太政官布告、地方官心得书、地租修订条例、地租修订实施规则组成）经一八七三年（明治六年）地方官共同审议，于同年七月二十八日颁布实施。它的目的和理念是，维持以前的贡租总额，同时以统一的制度平摊租税，确保能在获得定额的货币地租、保障地契持有人（地主）权利的前提下实现改租。而且，该法并未触及业已形成的地主—小农关系，而是以地主为中心进行了调整。一八八〇年（如果算上林野改租，则为一八八一年年末），改租在全国范围内基本完成。

修订后的地租遵循近代的新惯例，从之前的上缴大米改为以地价（以一定的利率将一反②地的年收益进行折算）为基准的货币课税。

---

①由于农民将《征兵告谕》中的"血税"一词"征兵者，乃四民‘以其鲜血报国之血税"误解为"从活人身上榨血"，进而引发谣言传播并滋生骚乱与暴动，史上也称这一系列农民抗争为"血税起义。"
②田地的面积单位，一反相当于十公亩。

然而，这不过是政府在发达资本主义巨浪的席卷下，企图抓住地租这根救命稻草，以巩固天皇制国家经济基础的应急之策〔一八七五年（明治八年）到一八八〇年间的国税总额中，地租所占比例高达百分之八十八～百分之七十九，海关关税为百分之三～百分之五，其他仅占百分之九～百分之十六〕，由此产生了诸多矛盾。例如，在地价的计算中未考虑农民的工钱，同时，在实施过程中，当初规定的申报制（协议方式）被废除，取而代之的是由上而下的强制征收制。更有村内的实权派在改租的实际操作过程中谋取私利，再加上巨额的改租费用全部落到农民肩上，林野改租中甚至将村民的共有地及所属不明的山林、原野收归官有，进一步给农民造成了巨大的打击。

各地农民展开了反改租起义。其中，一八七六年（明治九年）的茨城大起义（真壁骚动）、三重大起义（伊势暴动）尤为知名。面对如此局势，向来沉稳的大久保不得不在一八七七年，将百分之三的地租率下调为百分之二点五。正所谓"竹枪出，一声突，租率变为二分五"，如此以防止士族叛乱与这些起义联合起来、串通一气。

该《地租改正法》从法律上承认了农民（地主）的土地所有权，为之后地主制的发展开辟了道路，同时，沉重的地租为殖产兴业政策的贯彻提供了财源，帮助明治政府朝近代国家又迈近了一步。

《学制》、《征兵制》、地租改正，维新的这三大改革适应了近代国家法律体系的制度要求，然而由于政府过于冒进，导致内部产生了诸多矛盾。

上文所述的士族叛乱正是对明治政府废除士族政策而爆发的反政府运动。一八七四年（明治七年），江藤新平等人率先发起佐贺之乱，一八七六年（明治九年），废刀令、《金禄公债证书发行条例》颁布以后，又相继爆发了熊本神风连（敬神党）之乱、福冈秋月之乱、前原一诚山口萩之乱。到一八七七年，作为最后的士族叛乱，西乡隆盛等人挑起了西南战争。

事实上，这些士族叛乱，是政府内部的征韩派与维新官僚对立的进一步延伸。它反映了政治路线的对立，即是在保存士族的基础上建立统一国家，还是在废除士族的前提下建立与外国对峙的近代国家，而这又与对国际形势认知的差异、采取何种国内政策密切相关。正因为如此，大久保政权才集结征兵制中获得的新军力和警察，对过去的盟友施以最冷酷无情的打击。

至此，因征韩论败阵下野的一股势力黯然消散，而有关另一股下野势力引发的民权运动，我们下章再论。

第五章　自由民权运动的目标

如今,在东京秋留野市(旧五日市町)仍保留着深泽家的土藏①。一九六八年(昭和四十三年),人们从该土藏二层梁下的包袱中,发现了一八八一年(明治十四年)时任五日市劝能学校校长千叶卓三郎(一八五二年~一八八三年)起草的私拟宪法《日本帝国宪法》,也叫《五日市宪法草案》(秋留野市教育委员会供图)

①日本传统建筑样式之一,用作保管米糠、酒等物品的仓库。

1. 北海道与冲绳

北海道、冲绳与内地（本土）　北海道与冲绳，是日本的最北端与最南端。北海道的人们将本州岛称作"内地"，冲绳则将其称作"本土"。称呼背后，是二者与本州岛（含九州、四国）划清界限的共识。

　　戊辰战争期间，成立于虾夷之地的榎本武扬政权，因其领导者由所谓"入札"[1]的方式选出，当时已被称作"伟大的虾夷共和国"（美国箱馆副领事 N.E. 莱斯的外交文书）。此后，人们将北海道称作"虾夷共和国"，有意无意地把它放在与近代天皇制对立的位置上。而另一边的冲绳则盛行"冲绳独立论"，这一论调贯穿了整个日本近代史。

　　北海道与冲绳构成了近代天皇制国家的底层，被称作"国

---

①指投票。

内殖民地"。同时，两地亦在军事上处于国防前线的位置。不论是隐含着浪漫幻想的"共和国论"还是"独立论"，它们被口口相传的背后，饱含着对天皇制国家让其独自承担政治、经济、军事职能的反抗情绪，所谓"共和国论"是一种挖苦。

让我们通过表格，将内地（本土）、北海道和冲绳的行政做个简单对比。可以看出，明治时期实施的诸多政策在内地（本土）、北海道与冲绳之间形成了明显的时间断层。即便如此，试图在政策的实施上做到统一这一点却不可否认。然而，在政策的内容上，内地（本土）与后两者却显示出明显的不平等性。北海道与冲绳都是受歧视一方。

我们一起考察一下细节。

府县制作为"地方自治"制度，颁布于一八九〇年（明治二十三年），翌年施行，但北海道、冲绳县却被排除在外。直到战败后的一九四六年（昭和二十一年），经过若干波折，二者终于在府县制的基础上，以道府县制的形式加入。同样，内地（本土）的市制、町村制实施于一八八九年（明治二十二年），但该政策却未适用于当时的北海道和冲绳县。一直到一八九九年（明治三十二年）、一八九六年（明治二十九年）之后，相当于市制的北海道区制和冲绳县区制才得以分别施行。此外，在町村制之后的是北海道的一级町

内地（本土）、北海道和冲绳的行政对比表

	内地（本土）	北海道	冲绳
废藩置县	1871年（明治四年）	1869年（明治二年）设置开拓使 1871年（明治四年）设置馆县 1882年（明治十五年）设置札幌县、函馆县和根室县 1886年（明治十九年）设置北海道厅	1872年（明治五年）设置琉球藩 1879年（明治十二年）设置冲绳县
实行征兵制	1873年（明治六年）	1889年（明治二十二年）在函馆区、江差和福山实行 1896年（明治二十九年）在渡岛、胆振、后志和石狩实行 1898年（明治三十一年）在全道实行	1898年（明治三十一年）在全县实行（宫古、八重山两郡除外） 1902年（明治三十五年）准宫古、八重山两郡实行
实行地租改正	1873年（明治六年）	1876年（明治九年）部分开始 1877年（明治十年）制定《北海道地券发行条例》	1899年（明治三十二年）实行《冲绳县土地整理法》（土地整理事业的开始）
实行市制、町村制	1889年（明治二十二年）	1897年（明治三十年）公布北海道区制、北海道一级町村制，北海道二级町村制 1899年（明治三十二年）实行区制 1900年（明治三十三年）实行一级町村制 1902年（明治三十五年）实行二级町村制	1896年（明治二十九年）实行冲绳县区制（那霸、首里） 1908年（明治四十一年）实行冲绳县及岛屿町村制
实行府县制	1891年（明治二十四年）	1901年（明治三十四年）设立北海道道会 1922年（大正十一年）在北海道道会中设置参事会	1909年（明治四十二年）实行特别县制
实行众议院议员选举法	1890年（明治二十三年）	1902年（明治三十五年）逐步推行	1912年（明治四十五年）以后至1919年（大正八年）

据秦原真人《战前北海道的社会经济史研究》（北海道大学附属图书馆，1996年）制作

村制（一九〇〇年施行）、二级町村制（一九〇二年施行）和冲绳县及岛屿的町村制（一九〇八年）。

征兵制〔一八七三（明治六年）〕从一八八九年（明治二十二年）以后,才开始在北海道逐步推行,到一八九八年（明治三十一年）方覆盖全域。同样,除宫古和八重山以外,冲绳也是在这一年全县推行。征兵制实行的时间断层,使人们可以利用移居、迁址等合法手段来逃避兵役。

关于地租改正〔一八七三年（明治六年）〕,北海道《地券发行条例》的制定较早（一八七七年）,冲绳较晚,在一八九九年（明治三十二年）之后。

而在众议院议员选举法的实施方面〔一八九〇年（明治二十三年）〕,北海道开始于一九〇二年~一九〇三年（明治三十五年~三十六年）,冲绳县则在一九一二年（明治四十五年）以后。

如此一对比,内地（本土）与北海道、冲绳在各项政策实施上的时间差就一目了然（两地区之间也存在时差）。而且,从具体内容来看,征兵和纳税这类义务与众议院选举这类权利相比,前者很早就开始推行,后者却在很长一段时期内遭到忽视。这不是歧视,又是什么呢？

说到歧视,维新之后,一个身披新装的新型等级社会粉墨登场。此时，士农工商框架下的等级社会彻底瓦解，《贱称废止令》（一八七一年八月）出台后，日本社会不仅有了皇族、华族、士族和平民的区分，还出现了所谓的"新平民"。但所谓"四民平等"终究建立在"一君万民"的基础上，因此一股官尊民卑的风潮在所难免，于是便有了高举解放受歧视部落民的旗帜、要求自由与民权的运动。

有了以上分析，下面我们进一步看看北海道和冲绳各自面临的问题。

北海道的开发与移民　维新政府一开始就注意到了虾夷地的开发问题。戊辰战争结束后，政府于一八六九年（明治二年）七月，在当地设立了开拓使（起初在东京，后改为函馆，一八七一年移至札幌），翌年八月，将虾夷地改为北海道。开拓使既是北海道的内务省也是工部省，由大久保麾下的黑田清隆（萨摩人，次官，后任长官）掌权，他起用萨摩藩出身的人为领导班子，建立了藩阀聚集的大本营。岩仓使节团随行的五名女留学生，就是开拓使派遣的。

黑田将美国的开发案例作为模板，雇用了大量外国人，这其中亦包括美国农务局长官卡普伦。在这些外国人的策划和开拓使主导下，垦荒事业不断推进。此外，他还邀请美国马萨诸塞州立农科大学的校长 W.S. 克拉克前来，于一八七六年（明治九年）将开拓使临时学校改建为札幌农学校（北海道大学的前身）。

由于该地与"内地"传统产业明确分割，使得开拓使能够将其当作近代产业移植的"实验田"，试行其主导的殖产兴业政策。于是，一八七一年（明治四年），政府决定从翌年起，连续十年投入定额资金共计一千万日元，这是此前年投入金额的五倍。事实上，从一八七二年（明治五年）到一八八二年（明治十五年），十年投入资金总额才两千零六十五万九千五百多日元。

自一八七四年（明治七年）起，前往北海道的移民发生了巨大变化（见下图）。这是因为"移民扶助规则"全面废除，屯田兵制度取而代之，"且耕且守"的屯田兵们可以分到营房及其他补给，归开拓使管辖。当时被选的都是十八

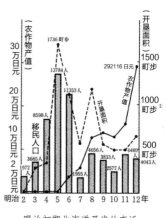

明治初期北海道开发的变迁

---

① 1 町步 ≈ 1 公顷

到三十五岁的壮丁，他们被编成联队、大队和中队，在农闲之余开展练兵活动。一八八五年（明治十八年），陆军省告示发布后，屯田兵制被扩充和改组。

从这时起，一直以来以东北士族为主力的屯田兵村慢慢扩张，先是覆盖了西日本士族，紧接着开始吸纳平民，这亦是开发移民呈现出的总体趋势。一八九〇年（明治二十三年），屯田兵制修订，以士族为中心的屯田兵村逐渐向普通平民过渡，移居和开发步入正轨。

对身处世界资本主义浪潮中的后起之秀日本来说，北海道既是自上而下孕育资本主义的"实验田"，同时也是防御俄罗斯南侵的军事要地。

阿伊努人的和化与生 从土著民阿伊努人的角度来看，开发的
活文化的破坏 推进使他们的传统文化和生活遭到全面
破坏。

早在幕末时期，他们就曾遭到幕府"同化"的威胁。一八五六年（安政三年），幕府在设虾夷为直辖地的同时，对阿伊努人的称呼从"夷人""虾夷人"统一为"土人"（土著居民）。这是因为佩里来日后，日本开始将外国人称作"夷人"，为区分阿伊努人与外国人（夷人），称阿伊努人为"土人"，

这也意味着其向和人（日本人）迈进了一步。事实上，为了使阿伊努人和化，政府强迫他们扎发髻、剃胡须，梳和式发型，前襟左侧在上向右掩，即不允许他们"披发左衽"。此外，还强迫他们接受羽织①、袴②、跪拜等形式上的"内地"风俗（菊池勇夫《外压与同化主义》，选自《北海道研究》4，清文堂出版，一九八二年）。

这种通过强迫外观日化，碾碎民族历史和文化，以达到"同化"目的的做法，成为之后日本在殖民地实行"皇民"化方针的政策原型。

幕府的这种"同化"政策，开拓使运用得更是炉火纯青。开拓使废除了阿伊努人一直以来的传统风俗（女子文身和男子戴耳环等），禁止其从事关乎生计的狩猎活动，甚至还让他们使用日本姓氏以方便编制户籍，强迫他们学习日语，从事并不擅长的农业生产。到一八七八年（明治十一年），开拓使宣布将阿伊努人统称为"旧土人"。该称呼在一八九九年（明治三十二年）《北海道旧土人保护法》〔以同化阿伊努人为目的，受美国同化印第安人为合众国市民的《道斯法案》（一八八七年）影响〕颁布后，以法律的形式正式确立，一直

---

①穿在和服上面，用于防寒和装饰用的短衣服。
②套在和服外面，遮盖腰部至踝部的带褶子宽大和服。

沿用到一九九七年（平成九年）该项法律被废除（《阿伊努文化振兴法》生效）。

一八七二年（明治五年）之后，随着北海道土地私有权相关规章和条例的颁布，政府以确立土地所有权的名义，彻底摧毁了阿伊努人赖以生存的空间。

政府的冲绳政策与民权派的意见　让我们再把目光投向冲绳。

维新政府对冲绳的关注度似乎不及虾夷地，且时间较晚，但一八七二年（明治五年）四月，当驻清公使柳原前光将一八七一年（明治四年）的"台湾事件"（即琉球漂流民被害事件。六十六位漂流到台湾东南沿岸的琉球岛民中，有五十四人惨遭当地少数民族杀害）报告于外务省时，马上引起维新政府的注意。

大藏① 大辅② 井上馨立即向正院③ 提交了"琉球国"的处置建议。上书中他陈述琉球、萨摩和中国的相关历史、语言、风俗、地理，主张彻底斩断三者之间牵扯不清的关系，采取"皇

---

① 大藏省是日本中央政府机关之一，掌管国家预算、税款等财政工作。
② 律令制中八省次官中的高级官员。
③ 一八七一年（明治四年）官制改革中设立的太政官最高官厅。

国规模扩张措施"，并将琉球定位为比小笠原、桦太① 更为重要的边境据点。

几乎在同一时间，外务卿副岛种臣也呈报了自己的意见，因此正院就琉球问题向左院（立法咨询机构）进行了咨询。一八七二年（明治五年）六月，左院回复："琉球国"此前同时从属于日本和清朝，如今由日本掌握主导权，日本册封琉球王，但我们也承认来自清朝的册封。不同于井上想通过皇权扩张将琉球据为己有，左院一方面承认其为日本属国，另一方面亦肯定其一直以来同中国的史实，与之保持了一定的距离。可以说，这正迎合了琉球内部部分统治阶层的期待。

然而，自由民权派杂志《近事评论》的意见〔一八七六年（明治九年）〕却截然相反。它站在琉球岛民的立场，认为如果"众心所向"乃"独立自治"，就当顺势助推，先天下而承认之，并向全天下证明，"不应以强凌弱，以大并小，此为大义"，即推崇琉球自治、独立论。

"琉球处分"的意义　　那么，明治政府实际实施了何种政策呢？一八七二年（明治五年）政府设立

---

① 今库页岛。

琉球藩,一八七四年(明治七年)又将琉球管辖权移至内务省,此后,加上台湾问题牵扯其中,政府最终施展铁血手腕,即皇权扩张政策。从一八七四年末到一八七五年,内务卿大久保利通以迅雷不及掩耳之势,向太政大臣三条实美提交了多封"琉球处分"意见书。这里的"琉球处分"系当事人赋予的名称,"处分"意为行使公权。政府不辱其名,力破琉球统治阶级的顽强抵抗,断然进行了"处分"。一八七五年(明治八年)后,身为处分官、内务大丞(一八七七年改为内务大书记官)的松田道之曾不止一次南渡琉球,在第三次登岛时,率领一百六十名警官和将近四百名士兵,最终为"处分"画上句号。

一八七九年四月四日,一则布告让琉球藩变身为冲绳县。县厅设于首里,锅岛直彬(旧佐贺藩支藩鹿岛藩主)为首任县令。琉球民众一方面对新县政有所抵触,另一方面又对新县政抱有期待,梦想着借此从过去的水深火热中解脱出来。然而,明治政府不仅未回应冲绳民众的期待,反而因害怕自己的统治体制崩塌,而拼命安抚和拉拢对统一持反对态度的琉球王族等统治阶层,同时,他们也担心这些统治阶层会暗通清朝。

一八八二年(明治十五年),冲绳年收入共计六十五万五千日元，而政府在冲绳的年支出为四十五万五千日元，这二十万日元的差额便成了明治政府的收入。如此看来，"琉球处分"使得冲绳遭到中央掠夺，这与北海道制订十年计划，从政府吸收资金形成鲜明对比。同样身为"国内殖民地"，资本流动的箭头却呈现出主向相反的现象，这尤为值得我们关注。

实际上，它与对"琉球处分"的定位不无关联。

关于"琉球处分"的定位，有"解放论""侵略性统一说"，抑或是"自上而下的民族统一"等，不一而足。但这些观点有个共通之处，即均将"琉球处分"视作"民族统一"。诚然，我们不能否认它客观上具有"民族统一"的性质，但这不过是一种结果论。

为何如此说呢？这是因为明治政府鉴于同清朝的关系，曾拟出一份冲绳的"分岛·改约"方案。该案的诞生得到了一八七九年五月至八月访问日本和清朝的前美国总统尤利西斯·格兰特的提点。方案中，日本提议将包括宫古和八重山在内的先岛诸岛让予清朝，作为交换，要求修改《日清友好条约》，使日本在与清朝内地通商等方面享有与列强同等的权利（"琉球二分案"）。

与此相对，清朝方面则提出了"琉球三分案"，即北部（奄美诸岛）归日本,中部（冲绳诸岛）为"琉球王国",南部（先岛诸岛）归清朝。

一八八〇年（明治十三年）十月,"分岛·改约"按日本提出的方案达成协议,但由于当时清朝方面与俄罗斯发生边境纠纷,导致条约的签订一拖再拖,最终作废。

面对日本提出的这一"分岛·改约"案,我们还能说"琉球处分"是明治政府的"民族统一"之举吗? 虽然这算是一种自上而下的"国家统一",但绝对不是"民族统一"。

后文即将出场的植木枝盛在《爱国新志》（第二十六期,明治十四年三月六日）中谈及此事时,极为愤慨,指出"分岛·改约"案中明治政府的所作所为"实残忍酷虐太甚","野蛮鄙陋至极"。明治政府试图通过分离冲绳这一民族的一部分,舍弃冲绳的部分地区,来获取与中国外交上的权利,这简直与为实现日本"独立",以冲绳作抵押,将百分之七十五的美军基地丢到冲绳的战后日本政府如出一辙。

2. 自由民权运动路在何方

民权运动的三股潮流 　二战后，关于自由民权运动的研究蓬勃开展，以至于光是研究论文就足以出版成册。

战后研究不仅涉及理论研究，其最大的特色在于，各地民权学者兢兢业业地以个人或研究会等组织的形式致力于史料的发掘，将一直以来不为人所知的大量史实曝光于世人面前。

由此，自由民权运动的潮流被分成三股。

第一，以士族为中心的运动。它从土佐的立志社发展为爱国社，很早就被视为一种民权运动（爱国社的潮流）。第二，以豪农民权人士为中心的潮流。它立足于地方民会，之后逐渐开展政治斗争（在村潮流）。第三，城市知识分子的民权派团体运动（城市民权派的潮流）。这些潮流合并乃至相互联系，相互影响，使得民权运动在明治十年以后急速扩张，并产生深远影响。

根据主体的变化，民权运动被图示化为士族民权→豪农民权→农民民权，然而随着研究的深入，人们发现事实并非如此简单。不过，这些图示化的用语在论述民权运动时仍被频繁使用。此外，对于其与幕末维新时期农民起义的关系，有人认为二者相关，有人则持否定见解。后者认为，自由民权运动是以欧洲人权思想为源头的近代思想，因此起义、"纠正世道"的思想与要求无法与之相提并论。之所以持有这一观点，是由于他们觉得起义、"纠正世道"虽然是反权力、反体制的运动，但仍然局限于封建体制的框架内，与自由、民权等近代理念具有质的差异。可是，倘若我们看看民众起义、"纠正世道"的终极理想，亦可能找出与自由民权运动串联起来的字眼。起义、"纠正世道"与民权运动的关系，不也正可以用前文中我们提到的"非连续之连续"来形容吗？

民权运动的扩张　　一八七四年（明治七年）一月十七日，在征韩论中败下阵来的下野参议板垣退助等人，向左院提交了一封民选议院设立建议书，以此为契机，民权运动拉开了大幕。

该建议书以成立民选国会为目标，将参政权局限于身为

"维新功臣"的士族及豪农富商。但一八七七年（明治十年）六月，立志社发表国会设立建议书之后，士族民权（上流民权）的局限性逐渐被克服，觉醒后的士族成为新型知识分子。这些士族的领导人和豪农富商阶层，以及潜在的力量农民（平民）联合起来，诉求从单纯设立国会发展为设立国会、减轻地租、修订条约这三大要求。

出生于高知县（土佐藩）的植木枝盛（一八五七年～一八九二年）曾在著作《民权自由论》〔一八七九年（明治十二年）〕中指出，"国之本乃人民自主自由，国之大纲乃宪法，二者兼备，方可国泰民安"，因此，理所当然地，制定宪法议题被提上了日程。

一八八〇年（明治十三年）三月，民权派在第四届爱国社大会上改组为国会期成同盟，同年十一月第二届国会期成同盟大会、翌年十月的东京大会上，为鼓励各个政治组织起草宪法预案、行使自身权力，会议通过了"遭变者扶助法"，用以扶助"遭遇变故"的人及其家属。由此可以看出民权派在业已开始的镇压面前，誓死对抗的坚毅决心。

此时的士族民权正一步步冲破界限，自下发起的民权运动（"下层的民权"）风起云涌。报告显示，一八七四年（明治七年）到一八八一年间，运动参与者多达三十一万九千余人（江村荣一《自由民权革命的研究》，政法大学出版会，一九八四年）。

　　早在一八七九～一八八〇年间，作为民权运动理论基础的"国会论""宪法论"就成为各大报纸、杂志热议的焦点，到一八八一年时，私拟宪法案（私人起草的宪法草案。多指民权派的宪法案）更是雨后春笋般涌现出来。

民权派宪法草案的特征

这些宪法草案的诞生过程因地域的不同而各有千秋，其中由千叶卓三郎等人起草的所谓《五日市宪法草案》（《日本帝国宪法》。全二百零四条）颇为著名，一九六八年由色川大吉研究团队赴东京都下五日市町（现秋留野市），从山村深泽家岌岌可危的土藏中发现而重见天日（见本章篇章页）。据色川说明，"起草者虽为千叶卓三郎，但其背后还有深泽名生、权八父子等数十名五日市学术讨论会、学艺讲坛会员的身影，是他们的共同研究与讨论结果。此外值得关注的是，参加该集体创作的民权人士几乎都是二十多到四十多岁的地方平民，并非士族。这与土佐立志社宪法的起草者大为不同"（色川大吉《自由民权》，岩波新书，一九八一年）。并且，"条目达到两百条以上的，只有《五日市宪法草案》和植木枝盛起草的宪法案（见后），它们对人权的规定精细周到，堪称双璧"。

据说，《五日市宪法草案》参考了《嘤鸣社宪法草案》，而除此之外，自由民权派的宪法草案中，还出现了《宪法草案评林》（小田为纲等）、《大日本国宪法》（泽边正修等）、《私拟宪法案注解》（伊藤钦亮）、《日本宪法预案》（内藤鲁一）、《日本国国宪案》（植木枝盛）等多种草案。

这些草案都是民权派以个人或团队的名义起草，其色彩与立场各有不同，但总体特征如下：

（1）支持主权在民或君民共治。

（2）支持两院制，赋予下议院优先权。

（3）具备一定条件的男子才拥有下议院的选举资格。

（4）以法律保留原则的形式，基本对人权给予保障。

小国主义宪法案　　立志社的植木枝盛所执笔的《日本国国宪案》（总计二百二十条，也叫作《东洋大日本国国宪案》）起草于一八八一年（明治十四年）八月之后，赶上了私拟宪法呈井喷式问世的最后一波高潮。（如果算上政府相关人员的草案，私拟宪法案多达七十部。）

与其他草案相比，《日本国国宪案》对人权的保障最为彻底。它站在人民的立场，谋求实现以国会为中心、由人民广泛参政的民主主义。此外，为了实现地方自治，主张模仿美国、瑞士，建立联邦制国家；而对于违法违规的政府和官僚，该草案甚至承认人民有武力抵抗、进行革命的权利。

在植木看来，一国之中人民和政府是平等的，民权与国权具有相关性，国权为守护民权而存在。他遍览各国人权规定，尤其对比利时、荷兰等小国热心钻研，并将其反映在自己的宪法案中。植木的宪法案通过小国化方针，将国家指向直接民主制，并认为缩减甚至废除军备可减轻人民负担，同时增加相应的社会福利。综合以上来看，可以说他的方案是指向小国主义的宪法案。

另外，他认为有必要在各国之上建立一个相当于今日联合国般的"万国共议政府"，并且需要制定一部类似《联合国宪章》的《宇内无上宪法》（据《无上政法论》等）。

总之，植木的目标是：内部在彻底保障基本人权的基础上承认自由平等；外部建立超越国界的"万国共议政府"、制定各国遵守的《宇内无上宪法》，以维持世界和平，最终建立一个缩减甚至废除军备的小国主义国家。

**"东洋卢梭"
——中江兆民**

还有一位以实现终极民权为目标的民权派人士，他就是曾与岩仓使节团同行，在法国学习卢梭后回国的土佐人中江兆民（一八四七年～一九〇一年，"兆民"含有"亿兆之民"的意思）。

兆民归国后马上着手翻译《社会契约论》，将卢梭带到日本。因此他被称作"东洋卢梭"。兆民求学于巴黎、里昂，对他这段经历进行过深入调查的井田进也氏曾感叹道：调查中看到的"亦不过是留学时代的兆民模糊不清的剪影"。也就是说，关于法国时期的兆民的经历，他"明白了自己无从知晓"（《法国的兆民》，岩波书店，一九八七年）。敢于断言"明白了自己无从知晓"是一件非常艰难的事情，必须经过严密的学术探讨。如果说将混沌不清的东西研究透彻、确定史实是历史学，那么以假想来书写混沌不清的事物就可以称作是历史小说吧。这是历史学和历史小说的根本差异。

回到主题。兆民认为应该将"共和"译作"自治"。这与兆民"君民共治"的主张密切相关。在他看来，即便设有君主，只要选举宰相，由人民制定法律，那么"共和"和"自治"就没有什么不同。我们在前文曾谈到大久保利通以英国为模板展开"君民共治"论，兆民传记的作者飞鸟井雅道氏说道："事实上，兆民晚一圈达到了大久保利通的境界。"（《中江兆民》，吉川弘文馆，一九九九年）这虽然有拔高兆民的嫌疑，但另一方面笔者认为反过来也可以看作是对大久保的重新定位。此外，他还谈道，大久保逝世后，"当政府否定大久保路线，选择专制时，兆民不得已成为政府的敌人，这一点要予以关注"（同上）。

天皇的全国巡幸　　为了遏制民权派主张，政府使出了杀手锏之一，那便是天皇的全国巡幸。这一政治操作的目的在于通过天皇主动巡游各地，让天皇的形象深入人心。一八七二年（明治五年）到一八八五年（明治十八年）之间的六大巡幸是其高潮。一八七二年、一八七六年、一八七八年、一八八〇年、一八八一年、一八八五年，巡幸依次展开，每次时间都长达一个半到两个月，足迹北到北海道，南及鹿儿岛，覆盖全国。

天皇带着当时的政府首脑、达官贵人、地方长官等，访问各地最具代表性的名门望族，参观地方的师范学校、法院，赠老人、节妇、孝子等以金钱和物品，大方行赏。这种将天皇权威与仁慧的形象植入民众的戏码随处上演，世间更产生"天子乃活神仙"的信仰。

过去天皇有天皇、天皇陛下、皇上、圣上、圣主、至尊、主上、天子、皇帝、国帝等各种称谓，而从一八八二年（明治十五年）宫内省侍讲伊地知正治的发言推断，直到那时候

"天皇"这一称谓才得以正式确立。

明治政府与民权运动展开正式对决的标志，是大久保逝世三年后的明治十四年政变。

中江兆民的小国主义

有关该政变下节再作叙述，这里我们稍稍提一下政变的策划执行人井上毅与中江兆民的关系。井上是岩仓的心腹、伊藤的智囊，而兆民和井上虽然思想对立，却彼此相惜。也许是明治这个时代人们之间彼此包容，抑或是人之本性总是深奥难测，这种特殊的友谊显得尤为珍贵，而共同背负国家命运、缔造国家的时代使命感更把他们紧紧联系在一起。

之后即将提到的兆民作品《三醉人经纶问答》于一八八七年（明治二十年）问世，在出版之前，兆民曾带着原稿去拜访井上毅，听取他的意见。据飞鸟井氏回忆，当时井上的回应是，"想法有趣，但外行人难以理解"。

兆民从法国归来后成为元老院权少书记官，一八七七年（明治十年）辞去官职，此后一直在野的他，对越发专制的政府展开激烈批判，为民权运动阵营提供了一系列民主主义理论和思想支撑。

对掌握实权的岩仓外游团为全盘欧化而把"富国强兵"

当作口号的行为,兆民直戳其矛盾之处。他指出,要想"富国"就难以"强兵",要想"强兵"就难以"富国",认为高举"富国强兵"大旗、开始走上大国主义道路的明治政府反而更适合小国主义路线。

兆民曰:"小国自恃而保独立之策无他,唯坚守信义而不动,道义所在之地,则大国亦不畏,小国亦不侮。"

这与岩仓使节团报告书中"国民自主之生理"的部分——"大不足惧,小不应侮"——有异曲同工之妙。紧接着,他说:"倘若他国以不义之军来袭,举国化为焦土亦要战斗,不可投降。倘若邻国内讧,不可擅自出兵讨伐。对弱小国家应接受而爱之,使其逐步走向进步之路。外交之道唯有如此。"(《论外交》)这便是他道义立国下不屈、中立的小国主义。

正如后面说到的,十九世纪八十年代日本所处的国际环境极为复杂,兆民自己也知道他的小国主义理念无法实现。因此,他在著作《三醉人经纶问答》中虚拟了三个人物——一个吸收西洋近代思想、高谈小国理想主义的洋学绅士,一个代表大国主义、国权主义的豪杰,一个虽怀有理想却苦于无法实现的现实主义者南海老师。通过三人对谈,表达自己内心的纠葛。

再强调一次,这里的小国主义是民权派针对明治政府业已走上的大国主义政治路线而提出的理念性的政治路线。处在两条路线夹缝中的南海老师的苦恼，是站在小国主义立场，同时又试图着眼于现实政治路线的苦恼。他对这一小国主义理念有多期待，现实中的苦难之路就有多艰险，伴随而来的障壁就有多厚。

3. 镇压、分裂与伏流化

明治十四年的政变与伊藤博文　　前文中数次提到的明治十四年十月政变，成为明治政府与民权运动彻底走向决裂的分水岭。政变内容有三项。

（1）中止开拓使（北海道）将官方物品卖给私人。

（2）罢免大隈重信参议一职，并将其逐出内阁。

（3）发布敕谕，约定一八九〇年（明治二十三年）开设国会。

尤其是约定十年后开设国会的第三条，正如井上毅妙语所言，它将多数人与中立派拉到政府一方，同时激起反对派抵抗，让敌友界限愈发泾渭分明。这其中隐藏着当时政府对政治形势的战略性意图。因此，敕谕道："若仍有故争躁急、煽动事变、损害国安者，以国典处之。"明确宣告了对反对派的镇压。

政变内容（1）是对舆论不满的一点让步。内容（2）是井上是想借放逐大隈以敲打其背后以福泽谕吉为中心的交询社一派，从而巩固岩仓、伊藤阵营。

以上敕谕的镇压宣言亦是对民权派的宣战布告。由此说来，讴歌抵抗权、革命权的植木宪法草案，更是胆大妄为不值一提了。

一八八二年（明治十五年）八月二十七日，身处德国、心念故土政治形势的伊藤博文给同乡的山田显义去信，信中如是写道："全体民众心向政府而无怨恨。倘若像明治最初的七八年一般政治过于宽松，则政府威严扫地。'毕竟所谓自由民权论波及之地，政治统一之源被削弱绝非诬言。'"即自由民权论不断蔓延的态势会影响政权统一的强化。随后他明言道，如今德国的"富国强兵"、国民的"安宁幸福"，并非"自由民权的种子"所生，而是仰仗了国王的"遗法遗德之余光"。（《山田显义传》，日本大学，一九六三年）这是伊藤对在该地学到的普鲁士君主专制体制的一种确信，也是对自由民权持坚决反对的一种表态（参照 171 页）。对他来说，自由民权本身就是敌人。

政党的缔结与激化的诸事件　政变发生后的十月末，由板垣退助担任总理的自由党正式成立，翌年（明治十五年）三月，推拥大隈重信为党首的立宪改进党也竖起大旗。一般认为，自由党继承了法国派的政治思想，以地方农村的地主、豪农富商和士族阶层为主体，改进党以城市资产阶级、知识分子为基础，但其实二者多有重合。当然也有更为简单粗暴的区分法：土佐、板垣的自由党对肥前、大隈的改进党。

日本最早的两个政党从成立到解散（自由党于一八八四年十月解散，改进党也以大隈等人退党的形式成为空壳）一直剑拔弩张，互相争执，偶尔还相互谩骂。而政党内部也在中央和地方间发生分裂。民权运动的目标之一是成立国会，因此面对政府以敕谕的方式宣布十年后实现的回应，党内的分裂进一步加剧。

不仅如此，从大隈财政的通货膨胀到大藏卿松方正义推行的松方财政的通货紧缩，这一转向给中小工商业者和农民带来巨大打击，米、茧、生丝等价格的下跌，税收的加重，不仅摧毁了零细农民[1]，还让中小农等多数农民陷入负债，迫

---

[1] 比中小农保有的土地面积更小，仅靠自有土地无法维持生计，因此往往会兼做其他工作的群体。

使他们不得不放弃土地。因此，以一八八四年（明治十七年）为节点，全国各地的农民骚动此起彼伏。

在此期间，民权运动也以福岛事件（一八八二年）、高田事件（一八八三年）、群马事件、加波山事件、秩父事件、名古屋事件、饭田事件（以上均为一八八四年）为代表，发生了所谓的"激化诸事件"。虽然其中的缘由各不相同，但它们都以中下层农民为主体，由地方自由党员有组织地策划，将民众的生活要求与民权思想紧密结合，有时还会和军队互通联合，进而成为民权运动中最为激进的一股支流。然而，不论是主观还是客观条件都有太多不成熟的地方，以致运动在政府巧妙且强力的镇压下纷纷失败。

其中，一八八四年（明治十七年）以秩父困民党为中心的秩父事件，因西洋史学家井上幸治氏的力作《秩父事件》（中公新书，一九六八年）而广受瞩目，此后亦涌现出了诸多研究成果。这次秩父事件迫使领导层高呼"全国悉起义，推翻现政府，立即设国会，迟乃革命乱"，抑或是"惶恐惶恐，今与天朝为敌，快快来支持"，显示了远远超出一直以来民权运动范畴的一面，由此可知镇压之严酷，政府不仅派出警察，甚至动员了军队全力反扑。

日本与朝鲜

这里让我们暂时把目光转向日本与朝鲜。

一八七五年（明治八年），日本军舰（云扬号）在朝鲜的门户江华岛附近强行测量海路，因之与朝方交火，最终击破江华岛炮台，占领了永宗岛，并使岛上民宅化为焦土（史称"江华岛事件"）。

此次交火迫使朝鲜签署了《日朝修好条规》（《江华条约》，共十二条）。其第一条便是朝鲜国为"自主之邦"，与日本享有"平等之权"。

然而，这里所谓的"自主之邦"意为，一直以来处于清朝支配下的朝鲜脱离清朝控制，并非日本尊重其主权。幕末之后饱尝了来自欧美发达国家之苦水的日本，这次试图将苦水原封不动地灌给朝鲜，这种强硬姿态引发了涉及朝鲜内政改革的一八八二年（明治十五年）壬午军乱和一八八四年（明治十七年）的甲申政变。

壬午军乱是在朝鲜首都汉城（现首尔），因反对受日本影响的闵妃政权的军制改革而爆发的一场军队叛乱。叛乱中日本军事顾问被杀，日本公使馆遭袭。由于它背后有闵氏一族的敌对势力大院君一派，因此最终发展为打倒闵氏一族和排日的武力斗争。

面对壬午军乱，日本政府内部最为强硬的是参议山县有朋。他主张派遣军队占领港口，视情况甚至可以占领各要冲之岛，作为获得赔偿之前的抵押。山县有朋的意见成为内阁主流，他们试图以此为契机，将一直悬而未决的日朝通商等问题也一并解决。

然而，应闵氏一派的请求，清朝出兵，捉拿了取代闵氏一族掌握政权的大院君，并将其押回大清。由于叛乱被清军镇压，日本派向朝鲜的武装面临着与清朝擦枪走火的危机，美国亦派出军舰来牵制日本。

一八八二年八月末，日朝缔结了《济物浦条约》。条约共六条，除了规定赔款，还迫使朝鲜承认了日本用于护卫其公使馆的驻兵权。此外，条约还规定新设港口，进一步扩大了日本商人的活动范围。

目睹此情此景，一八八二年九月井上毅在其关于"朝鲜政略"的意见中指出，日本与朝鲜、清朝的三国同盟已是痴人说梦。

另一方面，清朝也于十月与朝鲜缔结贸易章程，进一步强化了对朝鲜的宗主权。

一八八四年（明治十七年），中法战争爆发，清军战败。同年十二月，朝鲜开化派（独立党）金玉均、朴泳孝等人在日军的支持下发动政变，推翻了闵氏政权，这便是甲申政变。

闵氏一派的守旧派（事大党）立即向清朝寻求支持，展开反击。中日两军发生交火，处于优势地位的清军获胜，宣告了这个仅维持了三天的短命政权的终结。随后金玉均等人逃亡日本。

一八八五年（明治十八年）一月，日朝缔结《汉城条约》，迫使朝鲜道歉并赔款，四月，日本全权大使伊藤博文与清朝全权大使李鸿章签订《天津条约》，规定中日两国从朝鲜撤军，而且今后出兵时要相互告知。

如上所述，围绕壬午军乱、甲申政变的朝鲜问题，中日两国对立激化，同时它也让朝鲜变为俄国与欧美列强的利益争夺地。也就是说，一八八四年之后，朝鲜问题不仅有关东亚的利益冲突，更成为世界列强帝国主义利益的交汇点。而日本以朝鲜问题为契机，开始走向军国主义。

紧随壬午军乱之后的一八八二年（明治十五年）八月到九月，山县和岩仓分别提交意见书，要求扩充军备，力劝对内强化天皇制，对外实行扩张自身权益的军扩政策。正因为如此，之后日本征兵制度屡次修改，走向事实上的"国民皆兵"（参见124～125页），并设置了国防会议，修订了《镇台条例》，新设了监军部（均在一八八五年）等。

民权运动的回应与国权的倾斜

那么，民权运动对这一系列事件又是如何回应的呢？

壬午军乱发生的次月，即一八八二年（明治十五年）八月九日夜，在福岛县白河町的一场政坛演讲会上，混在当地辩士中间的高知县山田村平民井上平吉，第四个登上演讲台。他说道："只要日本不从专制回到自由，就不必关注朝鲜。"他想表达的是，国内人民的自由才是第一要务，与朝鲜的关系乃是次要之事。由此可以看出，至少在此时民权尚在主位，国权隐在背后。井上的演说主张与同一时期自由党党报《自由新闻》上中江兆民的"小国自强而保独立之策无他，唯坚守信义而不动"相呼应，是其论点的进一步深入。换句话说，它是对所谓内民权、外小国主义的政治理念的表态。

然而，一八八四年（明治十七年）九月以加波山事件为分水岭，《自由新闻》亦开始主张扩大国权，要求介入朝鲜。而福泽谕吉有名的"脱亚论"——"与其坐等邻邦之进，与之共兴东亚，不如脱离行伍，与西洋文明国家共进退"的言论，诞生于一八八五年（明治十八年）三月。朝鲜问题的发酵、明治政府的军国主义化，与所谓日本资产阶级民主主义革命运动的自由民权运动的分裂同时发生。

162

因此，一八八五年十一月曝光的大阪事件，乃大井宪太郎等人试图借壬午军乱、甲申政变之后朝鲜的又一次政治危机，通过举兵酿成与清朝的外交危机，促使朝鲜改革内政，以凝聚日本民心，为民权运动赢得转机。众所周知，《妾之半生涯》的作者福田（景山）英子也曾参与其中。虽然其目的是通过提高对外的危机感来振兴民权运动，但却让对外问题进一步凸显，使运动走向维护国权的方向。可以说，这正是在镇压面前拼死挣扎、苟延残喘的民权运动向外部寻求发泄口的一次事件。

大同团结运动与《诸保安条例》　在自由党解散、改进党名存实亡、激化诸事件频发，外加政府的镇压之下，民权论向国权论倾斜，民权运动四分五裂、穷途末路。

然而，从一八八六年（明治十九年）开始，随着经济触底反弹，加上开设国会的日期逐渐逼近，民权派又摩拳擦掌，开始策划重建组织。此时人们发现政府条约的修订案并非对日本有利，而一八八六年十月的"诺曼顿号事件"（英国货船"诺曼顿号"在纪州海遇难时，英国船员全员登上救生艇，而二十五名日本乘客全部被遗弃在船上），英国领事的裁判结果对日方不利，舆论激愤，这进一步促进了民权运动的再次高涨。一八八七年（明治二十年）十月，高知县总代片冈健吉等人提出言论集会自由、削减地租和收回外交权的主张。之后，所谓三大事件建白书被送到元老院。

在此形势下，以原自由党为中心的反政府各派开始谋求统一。于是，后藤象二郎、星亨等人高倡"舍小异、求大同"，展开了轰轰烈烈的大同团结运动。

该运动中存在多种诉求，地方豪农富商等本地有名望的人试图靠即将开设的国会挤进中央政界，而中央领导则力图保卫、扩大自己的势力范围。运动内部还包含着党派、派阀之间的斗争，唯恐运动激化和扩大的第一次伊藤博文内阁，在内相山县有朋、警视总监三岛通庸的主导下，于一八八七年十二月二十六日以敕令的形式火速发布《保安条例》，并宣布即日执行。五百七十余名民权派志士被安上阴谋教唆内乱、妨害治安的罪名，严禁靠近天皇居住地和天皇外出地三里以内。

新潟县蒲原郡出身的原自由党员西潟为藏是越佐同盟会的核心人物之一。十二月二十六日晚十一点，东京京桥警察署两名巡查突击其投宿的寝室，将他带走并执行了当天公布、实施的《保安条例》，命其自二十七日下午三点开始，一年之内不得进入东京。

中江兆民也遭驱逐两年。离开东京的他来到大阪，在《东云新闻》上开辟了一个栏目，展开其小国主义构想中一个重要的组成部分"土著兵论"，即主张废除政府以征兵方式实施的常备军制，改为依靠民众自发防卫的民兵制。他的论稿《新民世界》亦刊登在这份报纸上。兆民身居受歧视的部落民之间，从最底层人民的视角向社会矛盾、政治矛盾发起猛烈的抨击。

通往大国主义的道路 实行大棒政策的同时不忘施以政治怀柔，这种把戏在任何时代都会上演。被视作运动核心人物的后藤象二郎及其心腹不仅免于驱逐，后藤甚至接受政府邀请，以通信大臣的身份进入继承了伊藤衣钵的黑田清隆内阁（之后在第一次山县有朋内阁、第一次松方内阁中继续留任）。大同团结运动分裂了。

此后，运动历经派阀对立、重组，于一八九○年（明治二十三年）九月，诞生了民党（在野党）中处于中心地位的立宪自由党，迎来首届大会的召开。

政府的高压政策奏效了，在此期间，《大日本帝国宪法》的准备工作同时在紧锣密鼓地进行，有关这方面的内容我们将在下章叙述。另一方面，日本以朝鲜问题为契机，进一步走向军国主义，这也意味着它开始迈向大国主义道路。而与之相反，兆民等人虽然热烈呐喊，民权运动中的小国主义还是不可避免地遭到压制，转为伏流，或者毋宁说是不得不转为伏流。兆民那篇《三醉人经纶问答》的发表时间和大同团结运动几乎重合〔皆为一八八七年（明治二十年）五月〕，可谓颇具深意（参见 149 页之后）。

第六章　明治宪法体制

杨洲周延《宪法发布之图》。一八八九年（明治二十二年）二月
十一日，明治天皇颁布《大日本帝国宪法》（东京大学法学部附
属明治新闻杂志文库藏）

1.《大日本帝国宪法》

自上而下的立宪制　　早在之前，政府左院就提议制定国家宪法。一八七五年（明治八年）大阪会议后，左院废除，新设元老院，宪法的编纂交由元老院负责。

元老院在编纂宪法时，一方面遵循日本"建国之体"，另一方面广泛借鉴海外各国的既成宪法，将其作为宪法起草的基本方针。到一八八〇年（明治十三年）时，其先后起草完成了《日本国宪案》的第一稿到第三稿。在此期间，一八七七年（明治十年）木户孝允病逝，翌年大久保利通遭暗杀。

然而，岩仓具视和伊藤博文等人却并未采纳元老院的国宪草案。在伊藤看来，这份草案是各国宪法的翻版，丝毫没有考虑到日本的国情，罔顾对未来的治理可能带来的弊端。但是，借鉴各国宪法原本不就是宪法起草的基本方针吗？事实上，之所以未被采纳，是因为这份草案虽然与《大日本帝国宪法》（《明治宪法》）有共通之处，但较之后者，其民主色彩要浓烈得多。

彼时自由民权运动风起云涌，日渐高涨。受形势所迫，岩仓、伊藤等人意识到制定宪法、开设国会已是无可避免。因此他们反过来试图顺应民心，占取先机创立立宪制，以拉拢民心，巩固政权。或者我们亦可以说，民权运动的发展趋势从根本上决定了政府首脑的意图。

围绕宪法制定的岩仓－伊藤势力与井上毅　　当这个决定因素与政府内部的藩阀对抗、派阀内部的人际对立，以及因官僚机构急速膨胀而带来的官僚制矛盾相结合时，形势会如何剧变，我们不得而知。不过明治十四年的政变正是对此做出的反应之一。

政变带来的结果是岩仓－伊藤势力进一步巩固。活跃在政变幕后的是《明治宪法》的实际起草人——井上毅。他是岩仓的心腹，亦是明治国家的蓝图设计者。一八七二年（明治五年），身为太政官大书记官的井上作为岩仓使节团临时加入的成员远赴欧洲。归国后，他与大久保、岩仓、伊藤等人已互相熟识，此时他也已关注普鲁士宪法。井上背后还有个叫罗斯勒的人。罗斯勒是德国经济学家、公法学者，一八七八年（明治十一年），他以外务省顾问的身份来到日本，就宪法问题建言献策，成为井上的智囊。此后，井上接二连三向岩仓、伊藤提交意见书，并解释日本以天皇下赐的形式钦定宪法的必要性。他对岩仓说宪法的起草是政府全体领导的责任，对伊藤说成就维新大业必须制定宪法，鼓励其奋起（大久保利谦《明治宪法的诞生历程》，至文堂，一九五六年）。

就这样，一八八一年（明治十四年），宪法制定的基本方针终于集为大成，化作岩仓的《大纲领》。而附在《大纲领》后的《纲领》和《意见》一、二、三条，均由井上起草。《大纲领》共有十八项，构成《明治宪法》的基本设想。井上通过排除元老院的《国宪案》、代表大隈重信背后福泽谕吉一派的交询社的私拟宪法案，试图达到巩固岩仓－伊藤阵营的目的。如前文所述，敕令约定十年后设立国会，也是井上的安排。

方针既定，便依照方针为制定宪法做准备。一八八二年（明治十五年）三月，伊藤直奔德国，再访俾斯麦，面见了著名公法学者格奈斯特及其得意门生默塞。紧接着他前往澳大利亚，旁听了著名公法学者斯坦因的讲座。格奈斯特与斯坦因等著名学者的保守思想甚得其心，也给予伊藤莫大的自信。考察访问一年半之后，伊藤终于抱着"巩固皇室根基，建立天皇掌权之国家"的决心，踏上归途。

当他行至香港时，得知时年五十九岁的岩仓憾然离世。如此一来，制定宪法的接力棒就完全交至伊藤手中。

为了制定宪法，岩仓储备了庞大的皇室财产，作为明治天皇制的运作资本。而在伊藤看来，需要在宗教式微的日本打造一个能与其力量相当的"轴心"，这个"轴心"便是皇室与天皇。为此，伊藤开始一步步出台新制度，在天皇周边构筑了一座堡垒。

一八八四年（明治十七年）三月，归国后的伊藤在宫中设立制度调查局，担任长官，为引入君主立宪制而躬行调查。同时，他还兼任宫内卿，试图对宫内省进行改革。紧接着他又采取多项措施，先后颁布《华族令》（一八八四年七月）、确立内阁制（一八八五年十二月）、设立枢密院（一八八八年四月）。不仅如此，在地方上他亦颁布市制、町村制（一八八八年四月，府县制为一八九〇年五月颁布，町村制和府县制均于颁布次年实行。参照 133 页表）等，逐步完善了地方制度。

随着内阁制的成功实施，伊藤废除制度调查局，开始秘密探讨明治宪法草案的编写。此时助他一臂之力的，正是我们在前文提到的井上毅。一同参与策划的还有伊东巳代治（曾与伊藤博文一同旅欧）与金子坚太郎。他们唯恐草案内容泄露到民间，便把自己关在相州（今神奈川）金泽夏岛新建的别墅中，马不停蹄地投入到法案的编写中。

到了一八八七年（明治二十年）前后，因不满条约修订问题，声势一度渐微的民权运动又一次星火燎原，以大同团结运动的形式重新高涨。伊藤等人之所以担心宪法草案泄露，亦是因为这个缘故。而一旦草案泄露，事态的发酵将难以掌控。事实也印证了这一点。在此期间，民权派中的星亨一派曾窃取宪法情报，以《西哲梦物语》的名义非法印刷后四处发行（一八八七年十月），给反政府运动狠狠地添了一把火。从一八八八年（明治二十一年）六月到次年二月，枢密院宪法草案的屡次审议，亦在极为机密的情况下完成。

《大日本帝国宪法》及其特征　一八八九年（明治二十二年）二月十一日，就在纪元节① 这一天，《大日本帝国宪法》正式颁布。由于制定过程的特殊性，理所当然的，人们在法案颁布前毫不知情。而将宪法制定过程与人民群众刻意分隔开来，反而更强烈地彰显出这部宪法的特质。任凭民权派的宪法草案多如牛毛，明治宪法对之不屑一顾。

①庆祝神武天皇即位的纪念日。

中江兆民的弟子幸德秋水回忆，恩师曾评价此宪法"一遍通读，唯有苦笑"。宪法颁布一周年时，中江兆民曾公然嘲笑"此法无稽至此，余需庆之贺之"。（松永昌三《中江兆民评传》，岩波书店，一九九三年）苦笑嘲讽的背后，隐含的是对宪法强烈的批判。

然而，多数报纸、杂志却齐唱高歌，强调日本终于因这部宪法成为东亚首个君主立宪制国家。

那么，这部宪法内容有何特征呢？

《大日本帝国宪法》共由七十六条组成。

第一个特点体现在宪法第一条"大日本帝国由万世一系之天皇统治"，与第三条"天皇神圣不可侵犯"，既宣示了天皇主权，亦表明了天皇的绝对性和神圣不可侵犯性。

然而与此同时，身为元首，总揽统治权的天皇却须"依本宪法规定实行之"（第四条），即天皇亦不过是遵循宪法来进行统治。而这进一步催生了之后的"天皇机构说"（所谓天皇是法人国家中的一个机构，统治权在国家的宪法学说）。

《明治宪法》中，天皇既是神又是君主，既是超越宪法的存在，也是服务于宪法的第一机构。换言之，宪法所规定的明治国家是一种二元性或是二重性的结构，是神圣的、拥有绝对地位的天皇依照宪法规定进行统治的立宪制国家。这种二元二重性结构虽然矛盾丛生，但却通过调整力度，巧妙地改变平衡，适应了后来时代的发展。然而，对于身为臣民的国民来说，天皇永远是凌驾其上的一种神权性、绝对性的存在。

说到二元二重性结构，还有一点与之相关。在天皇之下，除去宪法规定的机构（其中分为作了全面规定和部分规定的机构）之外，还有些宪法未作规定的机构（如元老院、军事参议院、参谋本部、海军军令部、内大臣等）。像元老院这种未被纳入宪法的机构，同时又承担着内阁的重任。至于参谋总部与海军军令部，更是无须顾及宪法要求的结构上的平衡，直接借天皇统帅权（之后将详述）挑起战争，将日本一步步引向毁灭。这里暴露出《明治宪法》结构上最大的缺陷。总之，《明治宪法》正是一部拥有以上结构特征的"不朽的大典"。

这一宪法虽然采取了所谓三权分立的形式，但如第一条所述，它是一种天皇一手遮天的极端体制。而且，三权是在天皇之下互相制衡的。由于宪法第十一条"天皇统帅陆海军"，规定了统帅权的独立性，因此相对于内阁军部处于独立地位。不仅如此，军部甚至可借此干涉内阁事务。内阁中，由各个国务大臣与天皇建立联系，且仅对天皇负责。因此，作为国民代表的议会，无法追究内阁的责任。

不仅如此，议会中的众议院成员，只能从有限的男性中选出，女性的参政权被束之高阁。而由皇族、华族和敕选议员组成的贵族院没有解散权，且与众议院有同等权限（事实上更大）。除此之外，政府享有各种权限（特权），导致议会近似于"半身不遂"。另一方面，司法权亦规定"由法院以天皇名义依法行使之"（第五十七条），笼罩于天皇绝对权力之下的议会在许多方面都只能向行政权俯首妥协。

还有"臣民"的"权利义务"问题。宪法第二章虽然以"臣民权利义务"的形式大致对人权作了规定，但这只是相对于天皇而言的"臣民"的权利，除去服从义务别无其他。而涉及人权的规定，除信教自由之外，要么收控在"法律范围之中"，要么附加"除法律规定范围之外"的条件。简言之，不论如何都会被法律横加干涉。即便是信教自由，也"仅限于不妨碍秩序安定，不违背臣民义务"的情况之下（第二十八条）。因此，法律未加限制的信教自由反而被解释为可由行政命令施以束缚。这些人权规定与近代人权思想相去甚远，不仅没有男女平权的规定，除去"遵守相当之礼"的请愿权（第三十条）外，亦无参政权方面的相关规定。不仅如此，该人权规定在所谓的"非常大权"前（第三十一条）

往往苍白无力。不得不说，所谓"臣民权利义务"的规定在遇到人权之难时，只能沦为徒有其表的空壳。

具有政治意图的宪法制定　与其说结果政治色彩浓厚，不如说整个立法过程都充益着政治意图。面对高倡天赋人权，主张自由权利的民权派，伊藤博文的智囊井上毅却为了抑制这股潮流而煞费苦心。从宪法常识来看，他当然也意识到国民的权利与自由需要得到保护，但也正因深谙此理，他才能千方百计地用宪法对此加以限制，使保护的形式更有利于政府。

大久保《明治宪法的诞生历程》中记载：伊藤"采取否定人权的基本方针，认为权利乃天皇和宪法在一定限制内，由上而下施舍于臣民之物"。我们必须清楚，他之所以在制定《明治宪法》时，明言"朕宣誓，珍视朕之臣民权利及财产安全并保护之，于该宪法及法律范围之内，维护其完全享有"，正是因为有以上我们说到的政治意图。

《明治宪法》为何故意赶在开设国会的前一年颁布？按照常理，本应该先开设国会，在国会上询问民意，再制定宪法。倘若我们忽视了其故意先制定宪法，后开设国会的政治意图，就有可能在评价《明治宪法》时，误读立宪制形式中隐含的深意。

　　的确,《明治宪法》外包裹着一层立宪主义的糯米纸。亚洲诞生了立宪国家是事实。然而，我们必须看清楚这层糯米纸里有什么。接下来要说到的《教育敕语》亦是如此。

2. 何为《教育敕语》

为何出台《教育敕语》 就在《大日本帝国宪法》这部近代天皇制法律诞生后的第二年，即一八九〇年（明治二十三年），《教育敕语》（"关于教育的敕语"）也问世了。

敕语出台的直接契机是当年二月召开的地方长官会议。召集该会议的是总理大臣兼内务大臣山县有朋，从山县兼任内相，亦可看出他对内政的重视。

这些地方长官们亲眼见识到了声势浩大的自由民权运动和大同团结运动，因此纷纷提出，如今的民情动向根源在于政府的文教政策。他们深刻体会到，地方学校的孩子们将欧美当作圣地，无比憧憬，就连日本教员亦深感自卑，抱有一种劣等国民的心态，在欧美人面前抬不起头来（梅溪升《教育敕语成立史》，青史出版，二〇〇〇年）。因此，会议上教

179

《明治大正昭和大绘卷》，小林草悦绘

育问题一经提出，全场便炸开了锅。

"向元老院建议将我国改为共和政体之人可谓狂人，这些人沉醉于文明而忘本。如今必须坚决采取措施，实行以国家主义德育为基础的教育改革""用外国长技弥补日本短处不谓不可，但我们必须培养以自己是日本人为荣的人才"，这种建议纷纷出现，以德育为中心的讨论如火如荼。

如此一来，会议开始逼迫当时的文部大臣榎本武扬确立教育基础。山县更是超出教育问题，将它当作国民教化的议题，积极组织起草《教育敕语》。在推进完善地方制度的过程中，山县一直没有忘记一八八二年（明治十五年）他向军人下发的军人敕谕。他认为在教育领域也该有类似的文件。然而，文相榎本虽然对科学颇为关心，但在思想道德方面却不甚热心，于是，山县又将可以体现自己意志的芳川显正送上了文相之位。

政府内部的两派与内忧外患　这里我们回顾一下一八八〇年代的政府内部。他们分出了两个派别。其中一派以元田永孚、西村茂树为代表，主张用儒教主义建立以天皇为道德根基的国教。另一派则是立宪主义立场的伊藤博文、井上毅等人。

前一派的成员之一元田是天皇的侍讲，一八七九年（明治十二年），他总结出《教学圣旨》（分为批判维新后欧化之风的《教学大旨》和阐述具体方法的《小学条例》二则），并应天皇敕命，编纂《幼学纲要》。一八八二年（明治十五年），他又借地方长官之手将此儒学训书正式颁布。在阐述了自己宪法草案方针的《国宪大纲》中，所谓的"国教以仁义礼让忠孝正直为训"，其思想可窥一斑。鹿鸣馆时代（一八八〇年代）的欧化风潮对元田来说可谓是可忍孰不可忍，但他也坚定地认为自己并非"汉学者之流的腐儒"。

而后一派，即伊藤、井上毅等人则与元田意见相左。他们认为政治理应与道德、宗教泾渭分明。在这里，封建儒教主义和近代立宪主义的立场发生碰撞。针对元田的《教学圣旨》，伊藤对井上起草的《教育议》发起抨击，元田又在《教育议附议》中予以反驳，这场论战广为人知。

然而，两个势不两立的派别在自由民权运动高涨、列强施加外部压力的国际局势面前都感到了危机，于是深感需要让民心归向国家"轴心"——天皇、伊藤等人和提倡儒教国教主义的元田等人逐渐靠近。可以说，一八八六年（明治十九年），在内阁制建立后伊藤博文组建的首届内阁中任第一任文部大臣的森有礼的主导下，以帝国大学为顶端，开启金字塔形国家主义教育制度的改革、采用兵式体操等，正是两派靠近的证据之一。

如前文所述，以一八八〇年代的朝鲜问题为契机，明治政府不断强化自身的军国主义倾向。山县利用之前的地方长官会议，敦促元田、伊藤、井上等人确立国民教化体制，甚至从军事政策上谋求国民思想的统一。

《教育敕语》的意图和特质

一八九〇年（明治二十三年）十月三十日，《教育敕语》发布；翌日，文部大臣向全国学校、教职工发出训令，命其"贯彻圣旨所在之所"。这份没有大臣署名①的敕语成为超越一切法律的绝对性存在。

敕语开头道："朕惟我皇祖皇宗（天照大神与历代天皇），肇国宏远，树德深厚。"紧接着说："我臣民，克忠克孝，亿兆一心，世济厥美。此我国体之精华，而教育之渊源亦实存乎此。"它以自我褒扬的形式强调，先祖缔造的肇国历史和天皇臣民一体的"国体"之真正价值在于"忠孝"，教育的根源就在"国体"，不在其他。

---

①《大日本帝国宪法》规定，在发布敕令时，除了天皇签名，还需国务大臣署名。

接着第二段如是道：

> 尔臣民，孝于父母，友于兄弟，夫妇相和，朋友相信，恭俭持己，博爱及众，修学习业，以启发智能，成就德器。进广公益，开世务，常重国宪，遵国法。一旦缓急，则义勇奉公，以扶翼天壤无穷之皇运。如是，不独为朕之忠良臣民，亦足以显彰尔祖先之遗风矣。

这段带有儒教色彩的说辞罗列出普世道德，进一步阐述了在确立自我方面的社会规范，并提出要遵守基于立宪主义的国宪，同时，一旦爆发战争，还要挺身而出，为永葆天皇制国家而鞠躬尽瘁。这是天皇制国家内"臣民"的义务，也可以彰显祖先的遗风。也就是说，这里的国家即"公"被奉为优先，个体即"私"则沦为背景。

第三段道："斯道也，实我皇祖皇宗之遗训，而子孙臣民宜俱遵守焉。通之古今不谬，施之中外不悖。朕与尔臣民，拳拳服膺，庶几咸一其德。"即第一、二段所言乃古今内外普遍之理，天皇与"臣民"要共同遵守，德行一体。最后，敕语以"明治二十三年十月三十日／御名御玺"收尾。

由于该《教育敕语》是井上毅和元田永孚（皆为熊本县人）

合作完成，因此其中封建儒教主义与近代立宪主义暗结，并且夹杂着山县的军国主义思想。而置身于这三大思想核心位置的，正是天皇。

普世道德与意识形态的重合

这里需注意的是，第一段"克忠克孝"中，"忠"与"孝"结成一对，共同成为天皇制国家意识形态的轴心。

不过第二段中的"孝于父母"，却将"孝"与其他普世道德并列，此处的"孝"是身为普通人对父母珍视敬重之孝，与其他道德一样合情合理、水到渠成。但它无法和作为意识形态的"忠孝"比肩而立。当这种人类情感之孝与意识形态之孝相互重叠时，自然情感就会在不知不觉中被意识形态吞噬。

身为意识形态的"忠"亦如此。《教育敕语》中的"忠"与"一旦缓急，则义勇奉公"产生联接，即一旦硝烟升起，就要挺身而出拼死一战，为国（天皇）捐躯，"忠"便是其表象。

在日语中，国家读作"kuni"，故乡也叫"kuni"。人们出生于斯，被它的山河湖海哺育，父母、兄弟、姐妹也生活于此。面对自己的故乡（kuni），任谁都会双目盈泪、饱含深情。当这种爱乡之情与同样发音的"国家"重合时，对乡土

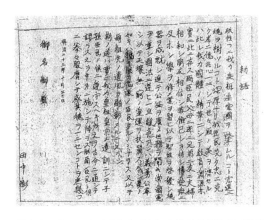

笔者在一九三八年（昭和十三年）小学五年级时在《教育敕语》全文笔试中默写的答案

的热爱便与对国家的"忠诚"融为一体。

如此一来，本是发自内心的自然情感，却在不知不觉中汇入作为天皇制意识形态下的"忠孝"之流，灌输到学校的儿童、学生心中。这种灌输到什么程度呢？要知道，一九三八年（昭和十三年），就读小学五年级的笔者，可以将敕语全文倒背如流，上图是当年留存下来的一张答题纸。

试卷上，我将夹杂着生僻汉字的敕语从头到尾一字不差地默写了下来。不，准确来说只写错了一个字，把开头"朕惟"写成"朕性"。直到如今，我仍能背诵《教育敕语》，这正是天皇制教育执行彻底的结果。

成为国民道德的规范　在该《教育敕语》发布四天后的十一月三日（天长节①），元田给山县总理寄去一封信，信中道："不灭之宪法可随时世变迁加以修正，但其主旨必流传万世，一字不可更改。"这里亦可看出其对敕语诞生的喜悦与洋溢的自信。然而，对于《教育敕语》是否与基督教相冲突，山县难掩内心隐忧。据说直到收到政治学者、帝国大学校长加藤弘之的肯定意见，他才终于安心，得以坦然与人谈之。

山县的担心并非杞人忧天，内村鉴三的所谓"不敬事件"就是一例。一八九一年（明治二十四年）一月，在第一高等中学的《教育敕语》奉读式上，出席的教员、学生们一一行礼，唯基督教徒内村未致敬（事实上只微微低下了头）。后来，他在写给美国友人贝尔的书信（一八九一年三月六日）中说道，"围绕此事，几个粗暴的学生和教授们叫嚣'国家元首受到侮辱，学校的神圣被玷污。与其让内村鉴三之类的恶棍、国贼继续待在学校，不如把整个学校摧毁掉'。报纸报道也充斥着恶意"（《内村鉴三全集》第三十六卷，岩波书店，一九八三年）。

①源于中国唐朝，最初用于唐玄宗生日，为"千秋节"，天宝年间改为"天长节"，后传到日本，指天皇的生日。

以此事为发端，哲学家井上哲次郎在其论文《教育与宗教的冲突》中抨击道："基督教违反了《教育敕语》的主旨，与日本国体相背离。"

《教育敕语》的渗透过程在当初实属不易。一九〇〇年（明治三十三年）第十四届帝国议会上，它因为未向国民普及而被视作问题，次年又因几家报纸、杂志刊登了"敕语撤回论"，引发议员对政府意向的质询。

然而自明治三十年中期起，随着与"御真影"（天皇、皇后的肖像照）一起被发放到各地学校，该《教育敕语》开始逐渐渗透，成为国民道德的规范。而同一时期，日本也在通过彻底的学校教育在民众中普及帝国主义化，逐渐走向战争之路。

3. 明治宪法体制的确立

宪法体制与日清战争　依托于《大日本帝国宪法》的法律体系和《教育敕语》规定的意识形态，明治宪法体制的框架诞生了。

然而，虽说框架定了，但国家体制还未确立。如前所述，宪法要作为法律体系的根基为人们所接受，《教育敕语》要渗透到每个国民的心中，尚需时日。

一八八二年（明治十五年）出生于群马县的讽刺作家、昭和战争时显出叛骨的生方敏郎，在其著作《明治大正见闻记》（春秋社，一九二六年）中说道：

在孩提时代的我眼中，宪法的发布并未给地方民众的心理需求以彻底革新的刺激。民众似乎都觉被政府所背叛。而从心底给民众以震撼，使其服从明治新政府、

189

信任中央政府之事件，乃日清战争。

他说，"忠君爱国"的口号最先响彻校园，大约是在一八九一年～一八九二年（明治二十四年～二十五年），而其走入家家户户，镇内男女老少皆耳濡目染，是在"日清开战，战争深入人们心髓"之际。

一八九〇年（明治二十三年）十一月，第一届帝国议会召开。此后一直到第六届帝国议会之前，政府都被处于压倒性优势的民党〔立宪自由党（自由党）、立宪改进党〕所制约，未能夯实体制的根基。萨长藩阀政府之所以"超然立于政党之外"，采取所谓的超然主义，也正源于此。因为除了无视政党势力，他们没有任何办法。可以说，初生的明治宪法体制在早期议会上一直未立稳根基。

在一八九三年（明治二十六年）十月的《军备意见书》中，山县展望了亚洲形势，评说道，"假定东亚祸机今后不出十年而破裂，未雨绸缪岂非国家百年之上计"。而后断言，今后八九年间应充分整备兵力，使之不仅在一朝有事时免于祸害，还应做万全准备，在"有可乘之机时，主动出击获取利益，此系国家存亡之所在"。

英、法、俄等欧洲列强入侵亚洲时带来的危机感，和应对危机所采取的策略，在这里反而转化为对邻国露骨的侵略意图，这些都从山县口中毫无遮拦地表达出来。

一八九〇年（明治二十三年）十二月六日，出席第一届帝国议会的首相山县在施政方针演说中说道，守护主权线（国境线），保护利益线（关乎主权线安危的地带），才是"国家独立自卫之道"，并明确指出利益线的焦点在于朝鲜。

而就在一八九四年（明治二十七年）五月，因地方官员的贪污事件，朝鲜爆发了甲午农民战争。以此为契机，日清两国出兵，利益碰撞，最终引发日清战争。山县口中的"可乘之机"出乎意料地提早到来了。

在日清战争刚刚打响时的第七届帝国议会上，政府和民党联手。借用众议院议员西潟为藏的话来说，此次议会"所谓以一致开始，以一致结束，真乃千古美事"。自由民权运动曾盼着"二次维新"，却因日清战争迷失了方向。以民友社〔一八八七年（明治二十年）成立〕为核心，一向站在平民主义立场对政府展开批判的德富苏峰（猪一郎），开始主张日清战争才是维新精神的实现方式，他转而为近代天皇制下侵略东亚大陆的行为背书，认为"国民性膨胀"并非"侵略他邦"，而是日本国民"雄飞"世界，向世界"布施大义"之举。不止苏峰，这是蔓延至整个思想界的一场颠覆。他们一边倒地将它理解为明治维新之精髓，追求所谓"思想自由"。一度参加了民权运动的北村透谷，曾试图从日本的近代化中寻求人性的解放，然而面对这种形势，他最终于日清战争爆发前夕的一八九四年（明治二十七年）五月，以自尽的方式悲剧收场。

小国主义的伏流化 植木枝盛虽成为众议院议员，却没有了往日民权运动斗士的神采，最终于一八九二年（明治二十五年）去世，享年三十六岁。对此，透谷问道："兆民居士今安在？"借以感叹"是世间抛弃兆民居士，还是兆民居士抛弃了这个繁杂俗世？"早在一八九一年（明治二十四年）二月，兆民就以"无血虫①的陈列场"表达了对议会的绝望，愤而辞去众议院议员。翌年起，他先后辗转北海道、东京、大阪、京都等地，走上实业（据飞鸟井氏的说法，其实是"虚业"）之路。但有一点需要我们铭记，因癌症收到死亡宣判后，他在其所著《一年有半》（一九〇一年）中写道："民权是至理，自由平等是大义。"

请允许我再次强调，日清战争和战争的胜利，让明治宪

---

①用于咒骂残忍无情的人。

法体制得以确立，为近代日本带来转机。借着对清朝发动武力战争而高涨起来的民族主义情绪，明治政府将民心引入国家体制的轨道之中，抓住时机，踏出了山县所谓的"百年国家之上计"的第一步。十年后，日俄战争爆发，日本走上大国主义、军国主义之路。在这条路上，被伊藤博文在旧金山演讲中称作"rising sun"的"日之丸"旗一直飘扬在队伍的最前方。与之相对，讴歌民权运动中诞生的人权和平等的小国主义之路，却被顶层施加的国家力量所压制。植木、兆民已逝，然而小国主义之路并未消失，它作为一种"未发的可能性"伏流化，进入雌伏时代。

结　语

大国主义乎?
小国主义乎?

以开国为发端,幕末政治运动拉开大幕,带来幕府的倒台和维新政府的诞生。这一过程中,天皇作为对抗幕府的利器被放置于舞台中央。而这种以天皇为核心建立近代国家的大框架,成为维新政府否定德川幕府"大君"制国家构想、创立明治国家的大前提。

然而在十九世纪七十年代的国际形势下,往这个近代天皇制国家里填充什么,是维新领导们面临的国家性难题。

为此,以右大臣岩仓具视为特命全权大使的岩仓使节团启程欧美,去探索适合近代日本的模范典型。负责这一近代化国家项目的使团耗时长达一年零十个月,遍访欧美十二个国家,这种深入观察研究在世界上实属罕见。摆在一行人面前的有大国也有小国,有共和制也有君主制,有民主国家也有专制独裁国家。简而言之,一行人分别见识了小国与大国的国家模式,却在使团报告《美欧回览实记》中并没有明确得出结论要选哪种。然而明治政府逐渐倾向大国路线,对之展开批判的自由民权运动则指向小国模式。

通往大国的政治路线在大久保利通遭暗杀后的明治十四年政变，由岩仓、伊藤掌握政府主导权时确定。大久保的英国型国家路线被岩仓、伊藤的普鲁士型路线所替代，对此，民权运动揭露了国家普鲁士型大国主义"富国强兵"路线的矛盾，用小国主义路线对其加以批判。

因此，民权派的小国主义路线被先后镇压，政府的大国主义路线则在以日清战争为转机的明治宪法体制确立后正式生根。该大国主义－明治宪法体制确立的过程有以下几个步骤。

朝鲜问题和自由民权　其中之一便是朝鲜问题。
运动的问题　　　　首先是岩仓使节团归国后的所谓征韩论。正如一般所言，日本国家统一问题和朝鲜问题"唇齿"相关，要与征服朝鲜连起来思考，因此征韩亦是"制韩"。对于后续发生的江华岛事件、壬午军乱乃至甲申政变，明治政府的态度都一致而鲜明。朝鲜问题一直是日本走向军国主义、大国主义的跳板，而促使它最终到达的彼岸便是日清战争。此次战争的获胜使明治宪法体制得以确立，明治宪法体制靠战争站稳了脚跟。

另一个问题是自由民权运动。民权运动因征韩论的分裂、明治六年的十月政变而兴起，扩展了自身的基础和战线，为人民自主、自由与民权摇旗呐喊。周游欧美后的政府首脑深谙自主、自由与民权或议会的功能和意义。正因如此，他们才预判：等待人民自主、自由和民权的成熟（何况正走向批判政府）会进一步加剧政府危机，而且会让日本在万国对峙中落入下风。所以他们干脆先下手为强，匆忙地自上而下建立国家体制。自然而然，民权运动的政府批判之风进一步高涨，显示出紧张的对决态势。可以说明治十四年政变带来的敕谕，正是政府对民权阵营的一次宣战。紧接着，明知作为立宪国家宪法的制定需要召开议会，但政府却偏偏先发布钦定宪法，再开设国会。然而，初期议会因多数派的民党搅局而风雨飘摇。就在这时，日清战争拯救了政府。反过来说，倘若日本在日清战争中失败，明治宪法体制、近代天皇制国家就无法确立。

伏流化与小国主义的果实　民权派被军国主义化这一狭隘的大国主义逼入了绝境，其坚持和平的小国主义思想则在体制确立的过程中作为一种"未发的可能性"伏流化。此后，随着历史车轮滚滚向前，它偶尔会以基督教、社会主义思想的不战、反战抑或支持和平等形式浮出地表。大正民主时，三浦铁太郎、石桥湛山等人倡导的"小日本主义"

便是小国主义从伏流水脉中喷涌而出的一个表现。然而它又一次被大国主义、军国主义暴力击退，在日本冲向亚洲太平洋战争的过程中，不得不再次伏流化。

终于，一九四五年（昭和二十年）八月十五日，日本战败。延续了过去民权派小国主义谱系、由民间宪法研究会编写的宪法草案（《宪法草案纲要》）很快被GHQ（联合国最高司令官司令部）发现并翻译，此后又被添加到《麦克阿瑟草案》中，经帝国议会审议后成为日本国宪法。作为历史流脉中"未发的可能性"的小国主义在这里终于开花结果（参见拙著《小国主义》，岩波新书，一九九九年）。

如此看来，明治维新结成的大国主义果实虽然带来明治宪法体制的确立，最终使日本变成明治国家，但这一切因"八·一五"战败而化为泡影。与之相对，作为"未发的可能性"的小国主义虽然一度隐于历史流脉，时而抬头又再度伏流，但终因日本的战败而汇入日本国宪法，翻身成为体制。从这个意义上来说，明治维新最终的对决结果产生于"八·一五"，这一天，大国主义破产，持续伏流的小国主义作为新日本国宪法体制开花结果。

不久之前，人们在探讨明治维新论时，进一步将其分为明治期的"第二维新"、大正时期的"大正维新"、昭和时期的"昭和维新"等，以现代论的观点对各个时期进行考察。正因为明治维新论是现代论，它才反映了各个时代的思潮。

如上所述，明治维新在日本持续保持着讨论热度，而同时它亦是全亚洲的明治维新。

全亚洲的明治维新　十九世纪七十年代，在中国，由李鸿章、曾国藩等人展开的洋务运动打出了"师夷长技以制夷"的口号，他们想借用西方的机械文明来推进国家的现代化，却以失败告终。真正让这一切不可挽回的是日清战争中中国的战败。它意味着日本明治维新带来的近代化战胜了中国的洋务运动。因此日清战争后，清末改良派康有为、梁启超等人开始倡导"变法自强"。不同于只重视西洋科学技术、仅进行有限改革的洋务运动，戊戌变法运动主张从根本上改革制度。他们以明治维新为模板，在政治、经济、社会、教育、文化等各方面实施全面改革，试图建立战后君主立宪政体。明治维新成为中国近代化过程中统治阶级的一个目标。然而，一八九八年（光绪二十四年、明治三十一年）发生"戊戌政变"，变法失败。

此外，沦为法国殖民地的越南，在爆发于十九世纪末期的抗法独立运动中，亦将明治维新作为标杆。运动领袖潘佩珠建立的运动团体就起名为维新会。他于一九〇五年（明治三十八年）来到日本，拜访了对明治维新极为关注的梁启超，发起了越南青年赴日留学的东游运动。这是将明治维新后的日本作为民族独立的典范，让青年们加以学习的一场运动。

然而，日本不但未对这一运动伸出援手，反而和法国勾结起来进行打压，将潘和留学生们从日本赶了出去。对这些做梦都想着实现国家独立与自由的越南人，日本无情地将其踩在脚下，整天为加入西欧列强队伍而绞尽脑汁（潘佩珠著，长冈新次郎、川本邦卫编《越南亡国史》，平凡社东洋文库，一九六六年）。

明治维新是作为近代日本起点的一大变革。或许我们也可以说，它是世界后发国家近代化改革的亚洲形态。虽然其宪法具有二元二重性结构，但它确确实实标志着亚洲近代立宪国家的建立，成为亚洲各国独立和近代化的典范。

然而，关于日本对亚洲各国的近代化做了什么，从其对越南的态度便可略知一二，而日本对世界报以怎样的态度，则可参考该丛书的下一卷《帝国时期》。

最后，让我们再总结一下何为明治维新。

第一，十九世纪后半期，德国、意大利统一为近代化国家，几乎在同一时期，身处世界潮流中的日本成为亚洲近代型立宪国家。

第二，作为一个近代国家，日本该走向何方？针对这一问题，明治政府和自由民权运动产生激烈对峙，前者高喊"富国强兵"的口号，不断强化国家权力，后者直指其矛盾，扛起"自由"和"民权"大旗，主张保障基本人权、缩小甚至废除军备。本书将这一对立总结为大国主义与小国主义的对立。最后，明治政府从小国路线走向大国路线，选择了普鲁士之路。在大国主义路线的压迫之下，民权运动的小国主义不得不伏流化。

第三个特点是，从通过废藩置县统一日本，到政府确立体制，仅仅用了二十余年。这种自上而下仓促强行推进的近代化，使日本内部矛盾重重，近代性要素和封建性要素粘着在一起。而这种粘着结构的两个侧面又引发了在对维新变革的性质进行界定时，到底是定位为资产阶级革命，还是绝对主义改革的长期争论。

然而在笔者看来，正是矛盾纠缠的、复合性变革（革命）的明治维新之形态，才是后发国家近代化变革（革命）的特质。

参考文献

本书以笔者所著的下列书籍为基础，吸收最新研究成果后付梓而成。

《幕末的长州》（中公新书，1965 年）、《体系日本历史5·明治国家》（日本评论社，1967 年）、《未完的明治维新》（三省堂选书，增补版，1974 年）、《日本的历史24·明治维新》（小学馆，1976 年）、《通往近代天皇制之路》（吉川弘文馆，1977 年）、《明治维新的败者与胜者》（NHK 出版，1980 年）、《明治维新观的研究》（北海道大学图书刊行会，1987 年）、《日本的历史15·开国与倒幕》（集英社，1992 年）、《明治维新与天皇制》（吉川弘文馆，1992 年）、《岩仓使节团的〈美欧回览实记〉》（岩波同时代图书馆，1994 年）、《幕末维新史的研究》（吉川弘文馆，1996 年）、《北海道开拓与移民》（合著，吉川弘文馆，1996 年）、《小国主义》（岩波新书，1999 年）等。

部分参考文献在正文中已经列出，以下列出的是更为详细的通史资料。

大久保利谦编《体系日本史丛书 3·政治史三》（山川出版社，1967 年）

大久保利谦等编《日本历史大系 4·近代 1》（山川出版社，1987 年。普及版，第十二卷、第十三卷，1996 年）

远山茂树《明治维新》（岩波书店，1951 年）

远山茂树《明治维新和现代》（岩波书店，1968 年）

石井宽治《大系日本的历史 12·开国与维新》（小学馆，1989 年）

坂野润治《大系日本的历史 13·近代日本的出发》（小学馆，1989 年）

田中彰《日本历史 15·开国与倒幕》（集英社，1992 年）

中村哲《日本历史 16·明治维新》（集英社，1992 年）

佐佐木克《日本历史 17·日本近代的出发》（集英社，1992 年）

岩波讲座《日本通史 15·近世 5》（岩波书店，1995 年）

岩波讲座《日本通史 16·近代 1》（岩波书店，1994 年）

岩波讲座《日本通史 17·近代 2》（岩波书店，1994 年）

年　表

*1872 年（明治五年）之前为阴历，之后为阳历，〇标记表闰月

1837 年（天保八年）　　2 月，大盐平八郎起兵

1840 年（天保十一年）【鸦片战争（1842 年）】

1841 年（天保十二年）5 月，幕府发起天保改革

1843 年（天保十四年）6 月，上知令（〇月撤回）

1844 年（弘化元年）　　7 月，荷兰使节要求幕府开国【中美签订《望厦条约》】

1848 年（嘉永元年）　　【欧洲（法、德等国）革命】

1851 年（嘉永四年）　　【太平天国政权建立（至 1864 年）】

1852 年（嘉永五年）　　8 月，荷兰向幕府传达美国对日派遣计划

1853 年（嘉永六年）　　6 月，佩里船队来航；7 月，俄国普加金船队到达长崎；9 月,幕府解除大船建造禁止令【太平天国军占领南京】

1854 年（安政元年）　　1 月，佩里再临；3 月，签订《日美亲善条约》【克里米亚战争（至 1856 年）】

1856 年（安政三年）　　【"亚罗号事件"】

1857 年（安政四年）	【印度民族大起义（士兵兵变）(至 1859 年)】
1858 年（安政五年）	4 月，井伊直弼成为幕府大老；6 月，签订《日美修好通商条约》；9 月，安政大狱事件；10 月，德川家茂成为第 14 代将军【中俄签订《瑷珲条约》】
1860 年（万延元年）	3 月，樱田门外之变；③月五品江户回送令【亚罗号战争(第二次鸦片战争),签订《北京条约》】
1861 年（文久元年）	【美国南北战争（至 1865 年）】
1862 年（文久二年）	1 月，坂下门外之变；2 月，德川家茂与和宫成婚；8 月，生麦事件【普鲁士首相俾斯麦开始执政（至 1890 年）】
1863 年（文久三年）	5 月，长州藩于下关海峡遭到外国船队炮击；7 月，萨英战争；8 月，"8·18" 政变【林肯发表《解放黑人奴隶宣言》朝鲜大院君开始执政（至 1873 年）】
1864 年（元治元年）	1 月，参预会议（3 月解散）；7 月，禁门之变；8 月，四国舰队炮击下关海峡；12 月，高杉晋作起兵
1865 年（庆应元年）	10 月，朝廷敕许条约。该年进出口额激增
1866 年（庆应二年）	1 月，萨长同盟成立；5 月，签订改税约书；6 月，幕长战争开始；7 月，德川家茂过世；12 月，德川庆喜成为第 15 代将军，孝明天皇过世；该年 "纠正世道" 起义达到高潮【普奥战争】

1867 年（庆应三年）	10 月，倒幕密敕，大政奉还；11 月，坂本龙马遭到暗杀；12 月,王政复古大号令。该年"这不挺好嘛"口号扩散【巴黎万国博览会，北德意志联邦成立，马克思《资本论》第一卷发行】
1868 年（明治元年）	1 月，戊辰战争开始；3 月，《五条誓文》《五榜揭示》；7 月，江户改名为东京 ；9 月，明治改元（一世一元制）
1869 年（明治二年）	5 月，戊辰战争结束；6 月，版籍奉还；8 月，虾夷地改称北海道【苏伊士运河开通】
1870 年（明治三年）	1 月,大教宣布诏敕；12 月,新律纲领公布【普法战争，意大利统一】
1871 年（明治四年）	2 月，征集亲兵 1 万；7 月，废藩置县；8 月，散发、除刀，俗称废止令；11 月，岩仓使节团由横滨出航【巴黎公社成立，德意志统一】
1872 年（明治五年）	8 月,制定学制；11 月,诏令全国征兵；12 月,改历（12 月 3 日起为阳历明治六年 1 月 1 日）
1873 年（明治六年）	1 月，发布征兵令；7 月，实行地租改正；9 月，岩仓等人回国；10 月，征韩争论（西乡隆盛等下野）；11 月，设立内务府
1874 年（明治七年）	1 月,板垣退助等提出民选议院建议书；2 月，佐贺之乱；4 月，立志社成立；5 月，出兵台湾
1875 年（明治八年）	2 月，大久保利通等举行大阪会议；4 月，立宪政体逐渐确立；6 月，颁布诽谤法、新闻条例；9 月，江华岛事件

1876年（明治九年）　2月，签订《日朝修好条规》；8月，公布《金禄公债证书发行条例》；10月，相继发生神风连之乱、萩之乱，因地租改正引发农民暴动【土耳其帝国宪法颁布】

1877年（明治十年）　1月，地租减为地价的2.5%；2月，西南战争；4月，东京大学成立；5月，木户孝允过世；6月立志社发表建议书；9月，西乡隆盛切腹【俄土战争开始（至1878年）】

1878年（明治十一年）　5月，大久保利通遭暗杀；7月，"三新法"公布；8月，竹桥骚动；12月，设立参谋本部

1879年（明治十二年）　4月，废除琉球（设立冲绳县）；9月，制定《教育令》（自由教育令）；1881年提出私拟宪法案

1880年（明治十三年）　3月，爱国社改称国会期成同盟；4月，颁布集会条例；12月教育令改正

1881年（明治十四年）　8月后，植木枝盛起草《日本国国宪案》；10月，中止开拓使官出售官产事件，宣布以明治二十三年为期设立国会（明治十四年政变），自由党结成

1882年（明治十五年）　1月，军人敕谕；3月，伊藤博文等人为学习宪法旅欧；4月，立宪改进党结成；8月，签订《济物浦条约》；11月，福岛事件【壬午军乱】

1883年（明治十六年）　3月，高田事件；7月，岩仓具视过世；8月，伊藤博文等人回国

1884 年（明治十七年）	5 月，群马事件；7 月，颁布华族令；9 月，加波山事件；10 月，自由党解散，秩父事件，名古屋事件；12 月，饭田事件。同年因松方通货紧缩政策农村萧条【甲申政变·中法战争（至 1885 年）】
1885 年（明治十八年）	3 月，福泽谕吉发表《脱亚论》；4 月，签订《天津条约》；11 月，大井宪太郎等人于大阪事件败露；12 月，确立内阁制
1886 年（明治十九年）	3 月，帝国大学令；6 月，静冈事件；10 月，"诺曼顿号事件"
1887 年（明治二十年）	4 月，鹿鸣馆开办舞会；10 月，三大事件建白书提出，大同团结运动；12 月，颁布《保安条例》，放逐中江兆民等人
1888 年（明治二十一年）	4 月，颁布市制、町村制，设立枢密院【康有为向清朝提出"变法维新"】
1889 年（明治二十二年）	1 月，因改正征兵令废除征兵免役制；2 月，《大日本帝国宪法》颁布，制定皇室典范。年末发生经济恐慌
1890 年（明治二十三年）	5 月，颁布府县制、郡制；7 月，第一次众议院总选举；10 月，颁布《教育敕语》；11 月，第一次帝国议会【俾斯麦辞任宰相】
1894 年（明治二十七年）	5 月，北村透谷自杀；8 月，日清战争【中日甲午战争】
1895 年（明治二十八年）	4 月，签订中日《马关条约》，俄、德、法三国干涉

图书在版编目（CIP）数据

明治维新／（日）田中彰著；张晶，马小兵译 . —— 北京：新星出版社，2020.5
（岩波日本史；第七卷）
ISBN 978−7−5133−3824−0

Ⅰ.①明… Ⅱ.①田… ②张… ③马… Ⅲ.①明治维新(1868)−研究 Ⅳ.① K313.41
中国版本图书馆 CIP 数据核字（2019）第 259926 号

岩波日本史（第七卷）
明治维新

[日]田中彰 著；张 晶 马小兵 译

策划编辑：姜 淮		**责任编辑**：汪 欣 冯文丹	
责任校对：刘 义		**营销编辑**：史玮婷	
版权经理：陈 雯		**版权支持**：一元和卷	
责任印制：李珊珊		**装帧设计**：冷暖儿	
内文排版：刘洁琼			

出版发行：新星出版社
出 版 人：马汝军
社　　址：北京市西城区车公庄大街丙3号楼　　100044
网　　址：www.newstarpress.com
电　　话：010-88310888
传　　真：010-65270449
法律顾问：北京市岳成律师事务所

读者服务：010-88310811　　service@newstarpress.com
邮购地址：北京市西城区车公庄大街丙 3 号楼　　100044

印　　刷：北京美图印务有限公司
开　　本：787mm×1092mm　　1/32
印　　张：6.75
字　　数：110千字
版　　次：2020年5月第一版　　2020年5月第一次印刷
书　　号：ISBN 978-7-5133-3824-0
定　　价：58.00元

NIHON NO REKISHI, 7: MEIJI ISHIN by Akira Tanaka

© 2000, 2011 by Noriko Tanaka

Originally published in 1999-2000 by Iwanami Shoten, Publishers, Tokyo.

This simplified Chinese edition: published 2020 by New Star Press

Co, Ltd., Beijing

by arrangement with Iwanami Shoten, Publishers, Tokyo

著作版权合同登记号：01-2019-4868